도서출판 대장간은
쇠를 달구어 연장을 만들듯이
생각을 다듬어 기독교 가치관을
바르게 세우는 곳입니다.

대장간이란 이름에는
사라져가는 복음의 능력을 되살리고,
낡은 것을 새롭게 풀무질하며, 잘못된 것을
바로 세우겠다는 의지가 담겨져 있습니다.

www.daejanggan.org

Copyright ⓒ Jacques Ellul

Original published in France under the title ; *Anarchie et christianisme*
Copyright ⓒ Éditions de la Table Ronde, 1998

Used and translated by the permission of la Table Ronde.
Korean Edition Copyright ⓒ 2011 Daejanggan Publisher. in Daejeon, South Korea.

무정부주의와 기독교

지은이	자끄 엘륄
옮긴이	이 창 헌
초판발행	2011년 10월 27일
펴낸이	배용하
편집	박민서
등록	제364-2008-000013호
펴낸곳	도서출판 대장간
	www.daejanggan.org
	대전광역시 동구 삼성동 285-16
	전화 (042) 673-7424 전송 (042) 623-1424
박은곳	경원인쇄
ISBN	978-89-7071-232-1

이 책은 저작권법에 의해 보호를 받는 출판물입니다.
기록된 형태의 허락 없이는 무단 전재와 복제를 금합니다.

값 8,000원

무정부주의와 기독교

자끄 엘륄 지음

이 창 헌 옮김

Anarchie et christianisme

Jacques Ellul

차 례

역자 서문 · · · · · · · · · · · · · · · · 9
들어가는 말 · · · · · · · · · · · · · · · 15

제1장 – 그리스도인의 관점에서 본 무정부주의
  1. 어떤 무정부주의를 말함인가? · · · · · · · · · 29
  2. 기독교에 대한 무정부주의의 불만들 · · · · · · · · 43

제2장 – 무정부주의 근거로서의 성서
  1. 히브리 성서 · · · · · · · · · · · · · · 74
  2. 예수 · · · · · · · · · · · · · · · · 85
  3. 요한계시록 · · · · · · · · · · · · · · 104
  4. 한 영향 : 베드로의 서신 · · · · · · · · · · 108
  5. 바울 · · · · · · · · · · · · · · · · 112

부록
• 칼 바르트와 알퐁스 마이요의 로마서 8장 1-2절 해석 · · · 123
  1. 칼 바르트
  2. 알퐁스 마이요
• 양심에 의한 거부자들 · · · · · · · · · · · · 129
• 증언 : 가톨릭 사제이면서도 무정부주의자가 된다는 것 · · 135

결론 · · · · · · · · · · · · · · · · · 146
요약 · · · · · · · · · · · · · · · · · 150

역/자/서/문

　이 번역을 하는 중에 해병대 총기 난사 사고가 터졌다. 그러면서 나는 내 군 복무 시절을 떠올렸다. 몸이 아파 대전국군병원에 몇 달 있었는데, 거기서 내가 본 것은 끔찍했다. 신입환자들은 계급에 상관없이 신고식을 치러야 했다. 그리고 나는 한 일병이 거친 신고식에 그만 욱해서 항명하는 것을 보았고 그 일병의 턱이 돌아가는 것을 목격했다. 턱뼈가 조각조각 난 그 일병은 겨우겨우 수술을 해서 목숨을 건졌는데도 아무도 처벌받지 않았다. 그때 나도 그 일병처럼 항명했다면 어떻게 되었을까 생각하니 지금도 아찔하다. 구타를 당한 경험은 그것 뿐만은 아니지만 사실 나만 겪은 것이 아니라 대한민국의 군 경험 있는 불쌍한 남자들은 다 가진 기억이다. 상병 때는 선임병장이 하도 눈을 때려서 각막염에 다 걸렸고 의사가 "누군지 말해라" 하는데도 아무 말을 할 수 없었다. 그건 제도화된 폭력이었고 제도가 면죄부를 준 폭력이었으며 제도 자체의 폭력이기도 했다.

　그런데 나는 그 와중에도 비폭력적인 저항의 경험을 가지게 되었다. 병원에서 자대로 복귀하고 나는 교회에는 반드시 가야겠다고 고집을 피웠는데, 그것이 선임병들의 심기를 건드렸다. 나는 분열주의자이자 전우애가 없는 이기주의자로 낙인찍혔다. 다른 건 몰라도 교회는 가야겠다는 고집이 몇 달간 계속되자 결국 그들은 손을 들었다. 그 저주 섞인 욕설과 폭언, 얼차려, 구타 등을 다 겪고 나니까 그제야 그들은 나를 "열외"시켜 주었던 것이다. 고난 끝의 영광은 그것뿐만이 아니었다. 상병이 되면서 나는 대대

군종병이 되었다. 당시 나는 신학대학에 들어가기 전이었고 그저 평범한 사병이었다. 신학을 전공한 사병도 있었지만, 군종병이 된 것은 나였다. 나는 대대교회를 섬기며 그 후 약 일 년간 대대 문화행사를 총괄했을 뿐만 아니라 대대장님 허락으로 군종병 수련회까지 주관할 수 있었다. 나를 비웃는 사병들은 물론 여전히 있었지만, 당시 내가 얻은 것은 고난 끝에서 만난 부활의 경험이었다.

엘륄이 강조하는 것은 단순히 "비폭력"이 아니라 비폭력적인 "저항"이다. 그의 강조점은 언제나 저항에 있었다. 저항의 수단으로서의 비폭력은 폭력에 굴복하는 것이 아니라 한쪽 뺨을 때리면 다른 쪽 뺨까지 때려보라며 들이대는 것이다. 그것은 무릎을 꿇거나 다리 사이로 기어들어가는 것이 아니라 꼿꼿이 서서 똑바로 바라보는 것이다. 그러니 그것은 절치부심이라든가 와신상담 같은 중국의 고사와는 다르다. 그것은 언젠가 힘이 생기면 폭력을 불사하겠다는 마음을 깐 비폭력이 아니라 폭력을 이기는 가장 효과적인 수단으로서의 비폭력이다. 그러므로 엘륄이 말한 비폭력은 사실 비폭력이라는 단어만으로는 표현하기 어려운 지극히 그리스도적이다. 이 책에 증언을 남긴 아드리앙 뒤쇼샬에 따르면, 우리는 그것을 간디나 레흐 바웬사의 비폭력과 같은 것으로 오해해서는 안 된다.

번역하면서 가장 가슴이 아팠던 예는 콜롬비아의 유일한 인디오 사제였던 알바로 울쿠에 쇼쿠에의 이야기였다. 사제의 순교 이야기는 언제나 가슴이 아프지만, 그 외로웠을 죽음을 생각하니 더욱 그렇다. 혼자서 옳은 길을 가려 하는 유색인종 사제가 겪었을 외로움은 얼마나 컸을까. 성서는 그러한 순교자들의 이야기를 다음과 같이 전한다.

> 장로 중 하나가 응답하여 나에게 이르되 이 흰 옷 입은 자들이 누구며 또 어디서 왔느냐 내가 말하기를 내 주여 당신이 아시나이다 하니 그가 나에게 이르되 이는 큰 환난에서 나오는 자들인데 어린 양의 피에 그 옷을 씻어 희게 하였느니라 그러므로 그들이 하나님의 보좌 앞에 있고 또 그의 성전에서 밤낮 하나님을 섬기매 보좌에 앉으신 이가 그들 위에 장막을 치시리니 그들이 다시는 주리지도 아니하며 목마르지도 아니하고 해나 아무 뜨거운 기운에 상하지도 아니하리니 이는 보좌 가운데에 계신 어린 양이 그들의 목자가 되사 생명수 샘으로 인도하시고 하나님께서 그들의 눈에서 모든 눈물을 씻어 주실 것임이라 계7:13-17

또 가슴 아픈 것은 그러한 순교자 또는 고백자들이 좋은 시절이 왔음에도, 높이 존경받지 못하는 현실이다. 중남미에서 오스카 로메로 신부 같은 분들의 역사적 위치는 대단히 높으며 민중에게는 존경의 대상이다. 그러나 우리나라는 어떤가? 지금 우리에게 신사참배를 거부한 그분들은 지독한 근본주의자들이요 군사정권에 항거한 그분들은 뼈딱한 자유주의자들일 뿐이다. 안타까운 현실이다. 처음에 위대한 순교자의 교회로 시작한 한국 교회는 신사참배와 군사정권을 거치면서 순교자를 모욕하는 교회로 변했고 지금도 그렇다. 이런 정치적인 말을 굳이 꺼내는 이유는 우리나라 기독교인들의 영성의 부패함을 도마 위에 올려놓기 위함이다. 죽음을 불사하는 것은 고사하고 아주 작은 부분까지도 현실과 타협하는 것은 좀 너무하지 않은가 말이다. 오히려 일제 강점기 고등경찰처럼 세상의 나쁜 것에 붙어서 더 나쁜 짓을 하는 것이 지금의 한국 교회가 아닌가. 순교자는 되지 못하더라도 고백자는 되어야 하며, 고백자는 되지 못하더라도 적어도 세상보다 더 나쁜 자는 되지 말아야 한다.

분단국가에서 군대에 끌려가는 거야 어쩔 수 없더라도 군대에서 옳지 못한 것에 저항하지 못하고 오히려 그 나쁜 것을 답습하며 "세상이 나를 이렇게 만들었어. 나는 어쩔 수 없었어. 나는 받은 만큼만 돌려줬어."라고 변명하는 그리스도인은 되지 말아야겠다. 군대뿐 아니라 사회 어느 분야, 어느 곳에서도 마찬가지다. "세상이 나를 이렇게 만들었다"고 믿는다면 그건 세상이 당신을 그렇게 만든 것이 아니라 어느 순간 당신이 그리스도를 저버리고 그에게서 등을 돌린 것이다. 평신도는 물론이고 특히 당신들, 목회자들이 특히 더 그러하지 않았는가. 이 글을 읽는 목회자 여러분은 특히 자신을 돌아보기를 바란다. 특히 당신들! 이라고 지칭한 이유는 이런 어려운 글을 읽는 주된 독자들이 바로 여러분이기 때문이다. 독자 여러분은 교계 권력에 굽실거리지 말고 옳지 못한 것에는 저항하기 바란다. 예수님께서 산헤드린에서, 그리고 빌라도 앞에서 그러하셨던 것처럼 그리고 여러분의 양들에게도 꼭 이러한 진리와 실천에 대해 말해 주기 바란다.

이 책을 번역하면서 시간이 가는 줄 모르며 즐거워했던 이유 중 하나는 예수님의 재발견 때문이었다. 그분은 산헤드린과 빌라도 앞에서 권력을 조롱하며 가지고 놀았다. 어떤 문을 열어도 타이거 마스크가 나올 바에야 권력을 조롱할 기회가 있을 때 조롱하는 것이 좋지 않겠는가. 나는 영화 "브레이브 하트"를 떠올린다. 거기서 주인공은 비폭력적 저항 대신 반란 및 요인 암살이라는 방법을 사용하지만 죽기 전에는 예수님처럼 잉글랜드의 왕을 조롱한다. 그는 결국 뱃가죽을 찢고 내장을 꺼내는 형벌을 당하지만 의연함을 잃지 않는다. 이렇게 죽으나 저렇게 죽으나 어차피 죽게 된 마당에 자신의 유일한 권리-왕과 권력을 조롱할-를 포기하지 않은 것이다. 죽음을 피할 수 있다면 피하는 것이 좋겠으나 죽어야만 할 경우 어떻게 죽는가 하는 것은 참 중요하다. 바울은 "나는 날마다 죽노라"고 고백했다. 그것은 못난 수도승처럼 자신의 등을 채찍으로 때리며 욕망을 죽이노라는 것이 아니라 매일 같이 그 나라와 그 의를 위해 죽음을 불사한다는 의지의 표현이다.

무정부주의는 나쁜 권력에 대한 저항이 아니라 권력 자체에 대한 저항이다. 그것이 기독교 무정부주의로 거듭날 때 그것은 정치적 권력에 대한 저항뿐만 아니라 종교적 권력에 대한 저항도 포함하게 된다. 그리고 다시 말하지만, 그것은 그 종교적 권력이 나쁜 권력일 때만 일어나는 저항이 아니라 종교적 권력 자체가 존재한다면 당연히 일어나는 저항이다. 교권은 종교개혁이 일어난 이후에도 사라지지 않은 끈질긴 것이다. 교권은 항상 금권과 동행하며 항상 돈의 힘으로 하나님의 교회를 자신의 의지의 수단으로 사용하려 한다. 우리의 저항은, 다시 말해 그리스도인들, 거듭난 무정부주의자들의 저항은 그러한 것에 대항하는 것이다. 그것은 가짜 교회를 무너뜨리고 진짜 교회를 세우는 일이며 금권을 가진 교권의 사악한 선전선동에 흔들림 없이 전진하는 것이다. 온갖 거짓된 논리로 교권과 금권이 반항할 때 우리는 그들을 조롱할 것이며 그들이 우리를 종교재판정에 세울지라도 우리는 의연하게 설 것이다. 이 책을 의미 있게 읽었다면, 제대로 이해했다면 그러한 길로 가지 않을 수 없을 것이다. 나는 오늘날의 목회자와 평신도들이 거듭난 무정부주의자들이 되어 교권이라는 우상을 무너뜨리는 용기를 보여주기를 간절히 바란다. 즐거운 번역이었다.

들어가는 말

여기 놓인 질문은 적잖이 어려운 것으로 두 가지 측면에서 오래전부터 존재해 왔던 주제에 대한 것이다. 본래 무정부주의자들이란 모든 종류의 종교(기독교도 당연히 이 범주에 포함된다)에 대해 적대적인 사람들이고, 그리스도인들이 무질서의 원천이자 기존 권위를 부정하는 무정부주의자들을 혐오하는 것은 당연하다. 내가 문제 삼으려 하는 것은 바로 이 단순하지만, 논의조차 되지 않아 온 이 주제다. 1968년 혁명에서 학생들이 물었던 것처럼 아마도 "내가 어떤 관점에서 말하는지" 설명할 필요가 있을 듯싶다! 나는 그리스도인이지만 태어나면서 가족으로부터 신앙을 물려받은 그리스도인이 아니라 회심에 의한 그리스도인이다. 난 젊은 시절 파시스트운동을 혐오했다. 1934년 2월 10일, 나는 불십자단les Croix de Feu, 1)에 반대하는 시위를 하기도 했다; 당시 지식적인 부분에서 나는 마르크스Marx에게 강한 영향을 받았고, 이 영향은 그의 책들에서뿐만 아니라 내 사적이고도 가족적인-내 아버지가 1929년의 경제위기 이래로 실업자가 되어 1930년에도 줄곧 실업자 신세였던 것을 난 기억한다!-그리고 개인적인 상황들에서 비롯된 것이었다. 학생으로서 나는 경찰과 맞서는 투쟁에 참여했고 (예를 들어 제즈Jèze 파업2)) 점차 '자본주의 체

---

1) [역주] 1927년에 작가 모리스 아노(Maurice Haulot)가 창단하여 1932년부터 라 로크(La Roque) 중령이 이끈 프랑스의 재향군인단체. 민족주의적이고 반공산주의적인 이 단체는 1936년 인민전선에 통합되었다.

제'보다도 더 국가를 혐오하게 되었다; "모든 냉혈한 괴물들보다 더 냉혈한 것이 국가"라고 정의한 니체의 말은 나에게 사상의 원리가 되었다. 또한, 난 마르크스의 분석들을 추종하기는 했지만(그리고 국가가 사라진 다음 세상에 도래할 사회에 대한 그의 예측을 따르긴 했지만!) 나와 공산주의자들과의 관계는 몹시 나빴다. (그들이 보기에, 모스크바의 지령을 전혀 존중하지 않았던 나는 쁘띠 부르주아였다. 그들은 마르크스의 사상에 대해서는 사실상 아는 바가 없었다. 그들이 읽은 것은 『공산당선언le Manifestede de 48』이 전부였다!) '모스크바 공판' 때에 난 그들과 완전히 결별했다. 트로츠키에 경도되어서가 아니라 (크론슈타트Cronstadt의 수병들3)과 마크노Makhno 내각4)은 내가 보기에 진정 혁명적이었으나 안타깝게도 짓밟혔다.) 레닌의 위대한 동지들이 그들의 고발대로 반역자 또는 반혁명분자 등이라고는 믿을 수 없었기 때문이다. 그들을 향한 단죄는 냉혈 **괴물**보다도 더 냉혈한 선언으로 느껴졌다. 또한, 난 프롤레타리아의 독재가 프롤레타리아를 대상으로 한 독재로 변질하는 것을 어렵지 않게 깨달을 수 있었고,–눈을 뜨려고 마음 먹었던 사람이었다면 누구나 1935-1936년에 20년 후가 어떻게 될 것인지 예측할 수 있었을 거라고 나는 단언할 수 있다– 게다가 국제주의와 평화주의 같은 기본적인 원리들 중 단 한 줄조차도 남아 있지 않음을 깨달았다. 내 생각에 그것은 반反국가주의가 되어야 했다.

한편, 마르크스를 향한 나의 경외는 다음과 같은 사실 때문에 식어버렸

---

2) [역주] 1936년에 일어난 전국적인 학생 파업.
3) [역주] 1921년 3월 볼세비키 정권에 맞서 크론슈타트의 발틱함대 수병들이 일으킨 반란은 언론과 행동의 자유를 주장했으나 성공하지 못했다. 후에 러시아혁명의 단초가 됨.
4) [역주] 우크라이나 지방에서 1930년대에 세력을 얻은 무정부주의자 마크노가 세운 내각.

다. 즉, 나는 마르크스의 저서를 읽는 동시에, 덜 인상적이었으나 매우 좋아했던 프루동Proudon의 글들을 읽었는데, 마르크스와 프루동의 논쟁에서 프루동에 대한 마르크스의 태도에 화가 났다. 결국, 나로 하여금 공산주의자들을 아주 싫어하게끔 만든 것은, 스페인 내전 기간 중 공산주의자들의 태도 및 공산주의자들이 자행한 바르셀로나 무정부주의자들에 대한 끔찍한 학살이었다. 여러 동기–당시 스페인의 무정부주의자들과 가졌던 접촉을 포함해서–가 나를 무정부주의자들과 가까워지게 했지만… 극복할 수 없는 장애물이 있었다. 나는 그리스도인이었다. 이 장애물이 나의 평생에 내 앞에 놓여 있었다. 예를 들어 1964년에 난 무정부주의에 아주 근접한 한 운동에 매혹된 적이 있다. 그것은 바로 '국제 무정부주의 학생 운동'

_{1960년대 대학에서 기성 사회체제와 질서에 대항하는 문화적이고 정치적인 전위 운동–편집자주}

이었다. 난 기 드보르Guy Debord와 친분을 가졌고 한번은 그에게 단도직입적으로 질문을 던진 적이 있다. "내가 당신의 운동에 참여하여 함께 할 수 있겠습니까?" 그는 동지들과 상의해 보겠다고 했다. 그리고 그는 아주 솔직하게 다음과 같이 대답했다. "내가 그리스도인이기 때문에 그들의 운동에 참여하지 않을 것이다." 난 내 신앙을 부인할 수 없었으므로 거기 참여할 수 없었다. 또 한편으로 이 두 사상을 "화해시키는" 것은 본질적으로 불가능한 것이었다. 그리스도인이면서 '사회주의자'가 된다는 것, 그것은 이해는 가능한 것으로 1900년 이래로 "사회적 기독교" 운동은 존재해 왔으며 1940년까지 성서의 윤리적 가르침과 온건한 사회주의(S.F.I.O.**5**)의 A. Philip)를 조화시키는 것이었다. 하지만, 물론 그 이상까지 나아갈 수는 없

---

5) [역주] Section Française de l'Internationale Ouvrière : 파리 코뮌 이래로 붕괴한 노동자 운동을 재결집하고자 1881년에 프랑스에서 조직된 노동자 단체. 1898년에 프랑스 사회당으로 발전한다.

었고, 그 둘 사이에는 절대적인 부조화가 있는 것처럼 보였다. 당시 난 이 둘에 대해 영적이고 지식적인 탐구를 시작했는데 그것은 그 둘을 일치시키기 위해서가 아니라 단순히 정신분열에 걸렸는지 알아보기 위해서였다! 그리고 이상하게도 연구를 하면 할수록 더욱더 성서 메시지(예수의 "듣기 좋은" 말씀에 국한되는 것이 아닌 전체적인 메시지를!)를 진지하게 이해하게 되었으며 국가에 복종하는 것의 부당함을 알게 되었고 성서를 통해서 무정부주의 사상을 안내 받게 되었다. 물론 이것은 지극히 사적인 견해로서, 난 내 사상을 형성해 온 칼 바르트의 (정치권력의 정당성을 항상 옹호하는) 입장에서 멀어져가고 있었다. 하지만, 최근 난 그 같은 의미에서 진행된 다른 연구들이 특히 미국에서 생겨나는 신기한 사조가 발흥하는 것을 본 바 있다. 기독교적인 기원을 가진 무정부 사상가 북킨Bookchin, 특히 1987년 『기독교와 무정부주의』Christianity and Anarchism를 쓴 버나드 엘러Vernard Eller가 그들이다. 다른 한편으로 다음에 언급하는 사람은 무정부주의자의 선조라 할 만 한데, 진정으로 무정부주의자는 아니었지만, 예수에 대해 놀라운 책을 쓴 바르뷔스H. Barbusse, 6)는 사회주의자이자 동시에 무정부주의자였던 예수를 명확히 우리에게 보여준다.(또한, 나는 무정부주의를 가장 완전하고 가장 심오한 사회주의의 형태라고 감히 주장하고 싶다) 그렇게 나는 내가 최근 서 있는 이 사상의 자리에 도달했다. 단 한 번의 각성이나 깨달음에 의해서가 아니라 천천히 그리고 홀로.

---

6) [역주] 아드리앙 귀스타브 앙리 바르뷔스 Adrien Gustave Henri Barbusse. 1873-1935. 프랑스의 작가. 무정부주의자이자 사회주의자로 1927년 작 『예수』를 통하여 혁명가로서의 예수를 그려냈다. 1923년 프랑스 공산당에 입당했으며, 레닌 및 고리키와 친분을 가졌다. 대표작으로는 『우는 여인들Pleureuses』, 『지옥L'enfer』, 『불꽃Le Feu』 등이 있다.

* * *

그러나 이 주제의 핵심으로 들어가기에 앞서 명확히 해야 할 것이 있다! 이 글의 목적은 과연 무엇이어야 하는가? 모든 종류의 오해를 피하려면 초안을 잘 배치하는 것이 무엇보다 중요하다고 나는 믿는다! 무엇보다도 나는 누군가를 개종시키려는 의도가 전혀 없음을 명확히 해 둔다! 나는 무정부주의자들을 기독교 신앙으로 '개종' 시키려고 하는 것이 아니다! 이는 단순히 정직함에서 우러나온 것이 아니라 성서에 따른 태도다. 지난 몇 세기 동안 교회는 설교해 왔다. "**정죄**를 받든가 **회심**을 하든가 선택하라." 그리고 열정적인 사제들과 선교사들은 온 힘을 다해 선의의 신앙을 품고 "한 영혼을 구원하기 위해" 모든 것을 걸고 노력했다. 그런데 내 생각에 여기 오해가 하나 있는 것 같다. 물론 다음과 같은 말씀들이 있다. "네가 믿으면 구원을 받으리라." 하지만, 우리가 잊은 원리가 하나 있다. 성서의 어떤 문장도 그 문장이 표현된 문맥, 이야기, 전개, 논리로부터 분리되어서는 안 된다는 것이다. 사실 단도직입적으로 말해 성서가 하나님께서 모든 사람에게 허락하신 보편적 구원을 말하고 있다고 나는 생각한다. 그런데도 회심과 신앙이라니? 그건 전혀 다른 문제다! 그것이 의미하는 바는 (관습에도 불구하고!) 구원이 아니라 책임이다. 다시 말해, 회심으로부터 어떤 삶의 방식에 연루되거나 다른 한편으로 하나님께서 요구하는 어떤 섬김에 연루되는 것이다. 그렇게 기독교 신앙에 참여한다는 것은 다른 사람에 대한 하나의 특권이 전혀 아니며 추가되는 책임, 새로운 책무이다. 그러므로 개종주의에 따른 행동을 경계해야 한다.

그와 반대로 기독교인들이 무정부주의자가 **되어야** 한다고 말할 필요 역시 없다! 나는 기독교인들이 '정치적' 선택의 상황에 놓인다면 다시 말해 정치적인 목소리에 참여해야 한다면 우선으로 무정부주의를 피하지 않기를 권하는데 이는 그 확신이 성서적 사고에 매우 가깝다 여기기 때문이다. 물론 세속적이고 뿌리 깊은 편견이 제거되지 않는 한 몇 년 안에 내 말이 일반적으로 받아들여질 것 같지는 않다. 한편, 나는 기독교인들이 이러한 사상적인 견해에 대하여 하나의 '의무'로 받아들일 필요는 없다고 말하고 싶다. 왜냐하면, (이 역시 수 세기 동안 반대로 이해됐다) 기독교 신앙은 의무나 규제의 세계로 사람을 들어가게 하는 것이 아니라 그 반대로 자유로운 삶으로 인도하는 것이기 때문이다. 이것은 단지 내 말이 아니라 사도 바울이 (고린도 서신들을 비롯한 여러 서신들에서[7]) 끊임 없이 언급한 것이다. 결국, 세 번째로 언급하지만 나는 어떻게 해서든 내 삶에서 이 두 가지 사상 및 행동 그리고 두 가지 태도를 일치시키려고 하는 것이 아니다. 기독교가 사회에서 더는 지배적인 위치에 있지 않게 된 이래로 그것은 기독교인들에게 있어 난처한 점은 굳이 포기해가면서 그러한 이데올로기를 기독교에 연결하려는 하나의 편집증적인 노력이다. 그렇게 1945년 이후 다수 그리스도인이 스탈린식 공산주의로 돌아서고 있었을 때, 그들은 거추장스러운 개념들 그러니까 하나님의 주권이라든가 예수 그리스도의 구원 같은 것들이 아닌, 가난한 자들, 사회정의 그리고 사회를 변화시키려는 노력에 관련된 기독교가 존재할 수 있다는 데 강조점을 두려 했다. 1970년대에는 소위 해방신학이라는 경향마저 출현했다. 하지만, 거기에 극단적으로는 (남아메리카의) 혁명을 조장하려는 불순한 시도가 있었다. "(그

---

[7] 참고:세 권으로 된 나의 책 : *Ethique de la Liberté*. 이 책에서 나는 자유는 성서의 중심 되는 진리이며 성서의 하나님은 무엇보다도 해방자임을 말했다. 바울은 "여러분이 구원 받은 것은 자유를 위해서입니다"라고 말하며 "완전한 율법은 바로 자유의 율법입니다"라고 야고보는 말한다.

가 누구든) 가난한 사람은 그 안에 그리스도를 가지고 있다." 그러니 뭐가 문제란 말인가? 그들은 2천 년 전의 그 사건8)에 대해서는 거의 다루지 않는다. 이러한 경향은 이미 1900년 무렵에 개신교 합리주의에 따라 광범위하게 나타난 바 있는데 그 전제는 단순했다. 과학은 곧 이성이며 곧 진리이고 이성이 다스린다는 생각이 지배적이었으므로 성서와 복음은 지켜야 하지만 예를 들어 하나님이 사람으로 화육하실 가능성 그리고 기적들, 부활 등 과학과 이성에 반하는 모든 것은 버려야 한다는 것이었다.

결국, 오늘날 기독교의 일부분을 버림으로써 (합리주의와) 일치를 이루려는 그 같은 시도가 생겨나게 된 것이지만 결과적으로 이 경향의 수혜자가 된 것은 이슬람교였다. 그리스도인들이 열심을 다해 각종 세미나(나 역시 참석한 바 있는)를 통해 이슬람 교인들과 교류하려 할 때 그들은 둘 사이의 다음과 같은 유사점들을 힘 있게 강조할 것이다. 한 분 하나님 (단일신론의 종교9)라는 점), 경전을 가진 종교10) 등. 갈등의 주요한 쟁점인 예수 그리스도에 대해서는 다시는 언급하지 않으면서 말이다. 이런 것이 어떻게 기독교라고 불릴 수 있는지 의문이다! 독자들에게 미리 말한 바와 같이 무정부주의와 성서적 신앙 사이의 어떤 일치를 설명하기 위해 굳이 그런 수단을 사용하는 일은 내게는 없을 것이다. 나는 진정 하나님의 말씀인 성서로부터 내가 이해했다고 믿는 그 관점을 고수할 것이다. 다른 사람과의 대화에서, 만일 정직해지고 싶다면 자신을 스스로 감추거나 숨거나 자신이 생각하는 바를 버리지 말고 완전히 자기 자신으로 남아야 한다. 이

---

8) [역주] 예수 그리스도의 십자가 사건
9) 나는 다른 곳에서 성서의 하나님은 알라신과 어떤 공통점도 없으신 분임을 말한 바 있다. 그것이 무엇이든 "하나님"이라는 단어 아래에 놓여야 함을 항상 명심해야 한다.
10) 마찬가지로 나는 이미 성서와 코란 사이에 약간의 인명(人名) 및 전설을 제외하고는 어떤 유사점도 없다고 말한 바 있다.

글은 무정부주의자가 보기에는 당황스럽거나 우스워 보이거나 전혀 중요하지 않다고 생각되겠지만, 나에게는 분명한 확신에서 비롯된 것이다.

그러면 내가 추구하는 것은 과연 무엇인가? 전술한 바에 따른 오해를 지워버린다면 잘못은 기독교로 다시 돌아온다. 사실 실제로 모든 기독교적 경향들이 받아들여 온, 그리고 성서 메시지와는 공통점이 없는, 히브리 성서에 관련된, 우리가 "구약성서"라고 부르는 한 종류의 "문집", 즉 복음서들 및 서신서들이 존재한다. 모든 교회는 세심하게 그리고 자주 국가 권력들을 존중하고 지탱해 왔으며, 순응주의를 커다란 미덕으로 여겨왔고, (하나님의 뜻에는 주인과 종이 있고 사회경제적 성공은 하나님 축복의 외적인 표징이라고 말하면서!) 사회의 불의들과 인간에 의한 인간의 착취를 허용해왔으며, 또한 (진정 복음적으로 생각하며 살기 원한다면 사실상 기독교 '윤리'라는 것은 존재할 수 없다는 놀라운 사실에도 불구하고) 자유의 그리고 자유롭게 하는 말씀을 단순히 하나의 윤리로 변형시켜왔다. 인간을 완전한 생명으로 간주하거나 왜 그렇게 행동하는지 이해하기보다는 이미 세워진 윤리의 잣대로 잘못들을 심판하기가 사실상 더 쉬운 법이다. 결국, 모든 교회는 지식과 권력을 유지하면서 복음의 정신과는 상반된 '성직'을 구축해 온 것이다. (처음에 사람들은 그것이 무엇을 의미하는지 알고 있었다! 사람들이 성직 구성원들을 '성직자'라고 불렀을 때 목회는 봉사였고 성직자가 된다는 것은 다른 사람을 섬기는 종이 된다는 뜻이었다.) 그렇게 지난 이천 년간 쌓여 온 잘못된 전통들에서 비롯된 잘못들은 제거되어야 한다.[11] (여기서 나는 가톨릭을 고발하는 프로테스탄트의 관

---

[11] 이러한 조류는 성서로부터 소위 "기독교"라고 하는 것에 이르기까지 정치적 경제적 기타 여러 이유와 함께 기독교를 파괴하고 있다고 나는 이미 길게 논술하였다.

점에서 말하는 것이 아니다. 우리는 모두 같은 오류, 같은 잘못을 범했다.) 그럼에도, 이러한 시도를 하는 사람이 내가 처음은 아니며 몇 가지를 그저 재발견하는 것뿐임을 말하고 싶다.

다시 말해 나는 "태초부터 감춰져 온 어떤 것들"의 베일을 벗기는 시도를 하는 것이 아니다! 여기에서 내 입장이 기독교 내부의 어떤 새로운 사조가 아니라는 말이다. 나는 무엇보다 기독교와 무정부주의가 만나는 성서적 '원리'들을, 그다음에는 처음 3세기간 그리스도인들의 태도에 대하여 다룰 테지만, 내가 다루려고 하는 것이 1,700년간의 어둠을 뚫고 갑작스럽게 일어난 어떤 사조에 대한 것은 아니다. 기독교 '무정부주의'는 항상 존재해 왔다! 지식적이거나 신비에 관계된 것이거나 또는 사회적인 측면에서나 단순한 성서적 진리를 재발견했던 그리스도인들은 역사적으로 항상 있었다. 역사적으로 유명한 테르툴리아누스(초창기)Tertullien, 프라 돌치노Fra Dolcino, 아시시의 프란시스코François d'Assie, 위클리프Wycliff, 루터Luther (영주들의 권력을 옹호하고 농민 반란군을 무자비하게 학살하게 한 두 잘못을 제외하고!), 라므네Lamenais, 존 보스트John Bost, 푸코의 샤를 Charles de Foucault ….

더 자세한 연구를 위해 나는 버나드 엘러Vernard Eller의 책12)을 참조한다. 예를 들어 그 책에서는 권력을 부정하고 소위 "탈정치성"이 아닌 무정부주의를 드러내는 등 진정한 아나뱁티즘Anabaptism의 성격을 드러내면서도 다음과 같은 아이러니를 가진다. "'권위들'은 사악한 사람을 벌주기 위한 도구로서 하나님께서 세우신 것이다. 그러나 선하게 행동하고 결코 더는 사악하지 않은 그리스도인들은(!) 정치적 권위들에 순종할 필요 없으며

---

12) Vernard Eller, *Christian Anarchy* (Eerdmans, 1987)

사회 및 권위들 바깥에 따로 자율적인 공동체들을 조직하여야 한다." 놀랍게도 블룸하르트Blumhart로 불린 비범한 사람은 19세기 말 엄격하게 무정부주의의 성격을 가진 기독교를 만들어냈다. 목회자이자 신학자였던 그는 극단적인 좌파였지만 권력 장악에 대한 논쟁에는 전혀 개입하지 않았다. 그리고 한 '극좌파' 회의석상에서 그는 다음과 같이 선언했다. "나는 여러분 앞에 한 인간으로서 선 것을 자랑스럽게 생각합니다. 만일 정치가 한 인간을 그 자체로 인정할 수 없다면 정치는 단죄받아야 합니다." "다음과 같은 것이 진정한 무정부주의입니다. 인간 그 자체가 된다는 것, 바로 그것입니다. 정치가가 된다는 것이 결코 아닙니다." 그리고 블룸하르트는 그 정당을 떠나야 했다! 그는 실존주의의 아버지 키에르케고르의 뒤를 잇는 10세기 중반의 무정부주의 노선의 목소리였지만, 어떤 권력의 유혹에도 걸려들지 않았던 인물이었다. 그는 오늘날 개인주의자로 폄하되고 저평가되어 있다. 그가 심지어 민주주의에 기초한 대중 및 권력마저도(!) 쉼 없이 비난했다는 것은 사실이다. 다음의 문장이 그것을 증명한다. "어떠한, 어떠한, 어떠한 잘못, 어떠한 범죄도 권력에 의해 저질러진 그것들처럼 하나님 앞에서 끔찍한 것은 없습니다. 왜 그렇습니까? 그것은 '공적公的'이라고 하나 비인격적이며 한 개인에게 저질러지는 가장 심각한 모욕이기 때문입니다." 키에르케고르의 많은 저작에서도 무정부주의적인 성격이 발견되지만, 우리가 알다시피 무정부주의라는 표현은 그 당시에 없었기 때문에 언급되지 않을 뿐이다.[13] 결국 설득력이 있는 버나드 엘러의 논증을 받아들일 필요가 있다. 그에 따르면 20세기 가장 위대한 신학자인 칼 바르트K. Barth는 사회주의자이기 이전에 무정부주의자였으며, 공산주

---

13) Vernard Eller, *Kierkegaard and radical discipleship*, 1968.

의에 대해 호의적이었다가 나중에는 그 입장을 철회했다. 이러한 단순한 공통점들은 내 연구가 기독교 내부에서 단지 예외적인 어떤 것에 불과하지 않음을 말해주는 것이다.

그러나 거장들, 지식인들, 신학자들 외에도 대중적인 운동들, 집단적 운동을 촉발시키지는 않았지만 한 때 발흥했던 민중의 또 다른 성격의 신앙들, 정통 교회들에서 선포된 적 있던 또 다른 진실들, 그리고 복음에서 직접적으로 찾아지는 근거들 역시 잊혀서는 안 된다. 살아있는 진정한 신앙을 유지했던, 한편으로 이단으로 몰리지 않으면서도 스캔들을 일으키지 않고도(!) 그것을 실천했던 겸손한 증인들이 있다. 그러므로 내가 주장하려는 것은 어느 순간 재발견된 어떤 진리가 아니다. 그것은 항상 있었지만 알려지지 않은, 이름 없는 적은 수의 사람들에 의해 이어져 내려온 것이다. (그리고 그 자취는 그럼에도 불구하고 알려졌다.[14]) 하지만 그들은 항상 기독교의 신성한 교권에 의해 제거됐다. 그리고 그들이 시작한 복음과 성서 전체에서 비롯된 새로운 운동들이 승리를 거둘 때마다 매우 빨리 변질하여 공적 권위에 대한 순응주의로 바뀌고는 했던 것이다. 아시시의 프란시스코 이후의 성 프란체스코회의 수사들이 그러했고 루터 이후의 루터교도 등이 그러했다. 바깥에서 보기에는 그런 사람들이 없는 것처럼 보이므로 일반적으로 드러나는 것은 위대한 교회의 영광, 주교들의 회칙들, 또는 개신교 권력의 정치적 입장 표명 등뿐이다. 나는 이런 것들을 아주 구체적으로 경험했지만 사실상 그리스도인이라고 할 수 없던 내 장인은 내가 복음의 진정한 메시지를 설명해 드리려고 할 때마다 다음과 같이 대답하고는 했다. "그건 자네 말이야. 자네만 그런 말을 하네. 내가 교회에서

---

[14] 예를 들어, 신심회(信心會)들의 시대였던 7-8 세기는 매우 흥미롭다.

들은 어떤 말도 자네 말과는 반대던데!" 그런데, 이런 말을 하는 사람은 나만은 아니다! 신심 깊은 "은밀한 흐름들"은 끊임없이 존재해 왔으며(그들이 신심 깊었던 만큼 세상에 드러나지 않았을 뿐), 그들이야말로 성서 말씀과 일치하는 사람들이었다. 기타 화려함, 구경거리, 공적인 선언들, 교계 계급구조(예수는 어떤 것도 만드신 적이 없는데도!), 제도적 권위(예언자들은 어떤 종류의 제도적 권위를 만든 적 없는데도), 법률체계(진정한 하나님의 대표자들은 법률 같은 것에 의지한 적이 없는데도) 등 사람들에게 드러나는 이 모든 것은 교회의 사회학적이며 제도적인 성격일 뿐 교회는 아니다.

그러나 외부의 사람들에게는 이런 것이 교회이며 그러므로 이 교회를 비판할 때 그들은 이러한 교회의 드러난 것들을 감히 '비판' 하지 못하는 것이다. 다시 말해 무정부주의자들은 이러한 종류의 기독교를 거부한 것은 옳았으며, 키에르케고르 같은 명백한 그리스도인들일수록 이러한 것들을 더 격렬하게 공격하지 아니할 수 없었던 것이다. 내가 단순히 말하고자 하는 바는 다른 의미의 '견해' 이며, 공적인 교회와 소위 "사회학적 그리스도인들"이라고 불리는 다수 사람, 다시 말해 타인들에 대한 더 많은 권력을 가지고자 기독교의 몇몇 성격을 도용했던 19세기 교회의 고용주후원자들처럼 (이 위기의 시대에 교회를 점차 떠나고 있어 점점 그 수가 줄어드는 자칭 그리스도인이라는 사람들!) 반反그리스도적인 사람들의 말과 행동들을 정당화하지 않고서 몇몇 오해들을 걷어내고자 한다.

제1장

그리스도인의 관점에서 본 무정부주의

1. 어떤 무정부주의를 말함인가.

나는 물론 무정부주의에도 여러 형태와 사조가 있다는 것을 알고 있으며 여기서는 먼저 단순히 내가 어떤 무정부주의를 지칭하고자 하는지 말하고자 한다. 첫 번째로 내가 지목하는 것은 나는 폭력을 절대적으로 거부한다는 것이다. 그러므로 나는 행동의 수단으로 폭력을 불사하는 허무주의자들 또는 무정부주의자들은 수용할 수 없다. 테러 또는 폭력에 의지하는 것은 확실히 이해는 할 수 있다. 스무 살 무렵 나는 파리의 증권거래소 앞에서 하루를 보낸 적이 있는데 이렇게 중얼거렸던 것을 기억한다. "자, 이 건물에 폭탄 하나를 설치하면 자본주의 전체를 날려버리지는 못하더라도 분명히 상징과 경고의 가치는 있을 거야!" 물론 나는 어디서 폭탄을 구해야 할지 전혀 알지도 못했기에 그렇게 하지 못했다! 폭력에 의지하는 것은 세 가지 상황에서 가능한 것처럼 보인다. 우선, 러시아 허무주의자들의 교리가 있었다. 권력자들, 성직자들, 장군들, 경찰 간부들을 조직적으로 제거하기 시작한다면 결국 그들의 직위들의 공백이 생기게 되고 국가는 괴멸되어 버릴 것이며 쓰러뜨리기 쉬워진다···. 이것은 다수의 현존하는 테러리스트들이 다소간 가진 생각이다. 하지만, 이것은 그 권력자들··· 그리고 사회의 저항 및 반응 능력을 과소평가한 것이다!

두 번째 상황은 모든 행동 수단이 무위로 돌아가거나 점점 더 강고해지는 정부권력 앞에서 그리고 흔들림 없는 경제 시스템 앞에서 (그러므로 다국적기업의 계획을 저지할 수도 있는?) '체제'의 공고함이 무엇인지 깊이 알게 되었거나 점점 더 순응적이 되어가는 사회 앞에서 무력함을 느끼게 될 때로, 절망의 부르짖음으로써 그러한 억압들에 대한 저항과 증오를 공개적으로 표시하려는 극단적인 행동으로서의 폭력이다. "그것은 현존하는 절망이 부르짖는 소리다."J. Rictus 그러나 그것은 또한 다른 행동의 방법이 없다는 것, 다른 희망의 여지가 없다는 말이기도 하다. 결국, 세 번째 측면은 내가 암시했던 상징체계와 징후이다. 상징적 수단. 당신의 생각보다 당신의 사회가 훨씬 깨지기 쉽다는 경고이자 그것을 침식해 들어가는 비밀스러운 힘들이 존재한다는 것이다. 동기가 무엇이든 나는 이러한 폭력과 이러한 테러에 반대한다. 그리고 그것은 다음의 두 수준에서 그러하다. 첫 번째는 단순히 전략적이다! 비폭력적인 운동들은 제대로만 수행된다면(하지만, 이는 잘 훈련되어야 하고 잘 짜인 전략에 의한 것이어야 한다!), 폭력적인 운동들보다 (진정한 혁명의 시작에 관계된 것이 아니라면!) 훨씬 효율적이라는 것을 사람들은 경험하기 시작한다. 간디의 성공을 굳이 기억할 필요는 없다. 우리에게 더 가까운 한 예로 마르틴 루터 킹이 미국 흑인들의 인권을 진전시킨 주목할 만한 예가 있었고, 반대로 흑인 무슬림들과 블랙 판다들은 수단과 방법을 가리지 않고 폭력에 의지했지만, 오히려 마르틴 루터 킹의 성공에 먹칠했을 뿐 얻어낸 것은 하나도 없었다. 마찬가지로 1956년의 베를린 그리고 헝가리, 체코슬로바키아의 모든 폭력 운동이 실패했던 데 비해, 레프 바웬사는 수십 년간 자신의 노조에 비폭력 훈련을 제대로 시켜 결국 정부를 굴복시켰다. 다음은 1900-1910년의 위대한 조합활동가들의 구호 중 하나였다. "파업은 예, 그러나 폭력은 아니오." 결국 (그러나 물론 이는 많은 사람이 의문을 제기할 사안이지만) 남아프리카 공화국에서 줄루족의 대추장 부텔레지Buthelezi는 완전히 비폭력 전략을 가지고 만델라(Xhosa 부족의)에 맞섰지만, 내가 가진 정보에

---

15) [역주] 아프리카 민족회의

따르면, A.N.C.15)에 의해 저질러진 지리멸렬한 폭력(때때로 흑인들 간에도 일어난다)보다 아파르트헤이트의 제거를 위해 비할 데 없이 더 많은 것을 얻었던 것이다.

내가 제시하는 두 번째 이유는 자명하게도 기독교적 영역에 속한다. 성서의 관점에서 본 상식에 따르면(내가 인정하는바 몹시도 당황하게 하는 구약성서의 전쟁들에도 불구하고!) 행동은 폭력이 아니라 사랑에서 비롯되어야 한다.16) 하지만, 권력자에 대해 폭력을 행사하지 않는다는 것이 '아무것도 하지 않음'을 의미하는 것은 아니다! 기독교는 항상 권력에 대해 이의를 제기해야 하고 경우에 따라서는 권력에 맞서 투쟁해야 함을 말하지 않을 수 없지만, 사람들은 "왕좌왕권와 제단교회" 사이의 동맹이 있었던 지난 십 수 세기 간 이 (성서) 텍스트들을 덮어 왔다. 게다가 교황은 교회의 수장이기보다는 한 국가의 수장으로서 더 잘 처신해 왔다.17) 만일 내가 폭력적인 무정부주의를 배제시키면, 평화적이고 반국가적이며 반자본주의적이고 도덕적이며 반민주적인(다시 말해 부르주아 국가의 변조된 민주주의에 적대적인) 무정부주의가 남는데, 이 무정부주의는 모든 권력에 대한 실제적인 전복과 기층민에 의한 발언과 자율 조직을 목적으로 삼아, 설득 수단을 통해 또 소집단과 조직망의 생성을 통해 활동하면서 거짓과 압제를 고발한다. 이 모든 것은 바쿠닌Bakounine, 18)에 매우 가까우나

---

16) 참고: 자끄 엘륄, 『폭력에 맞섬』Contre les violents, (대장간, 2011)
17) 이 경우 교회는 다음의 근거로 말미암아 변질하였다고 말할 수 있다.: 사람들이 교황에게 어떤 중요한 땅, 광대한 영역을 주었다면 그것은 정치적 억압들, 왕들, 황제들, 귀족들 등에 속하지 않게 하기 위함이었다. 즉 그의 독립성을 보장하기 위해서였다. 그리고 그것은 반대의 상황에서도 당연히 지켜져야 하는 독립성이다.
18) [역주] 1814~1876. 러시아의 신학자이자 철학자이며 무정부주의자이자 혁명가. 마르크스와 대립했으며 제1인터내셔널의 멤버였다. 프루동과 함께 19세기 무정부주의의 주창자라 불린다.

약간 미세하게 다른 부분들이 있다. 예를 들면 선거에 참여하는 것이다. 무정부주의자들도 투표해야 하는가? 그렇다면 어떤 정당의 일원으로 견해를 밝혀야 하는가? 나로서는 수많은 무정부주의 대표자들에 동의하지만, 그 두 질문에는 아니라고 대답할 수밖에 없다. 왜냐하면, 투표한다는 것 그 자체로 의심할 여지없이 권력과 부르주아지에 의해 주도되는 잘못된 민주주의에 이미 참여한다는 뜻이기 때문이다. 또한, 우파에 투표하든 좌파에 투표하든 결과는 같다. 정당에 참여한다는 것은 필연적으로 위계화된 구조를 수용한다는 뜻이며 다시 말해 권력에 참여한다는 뜻이다. 그런데 권력을 얻으면 어떤 이유에서 반드시 부패하게 되는지를 잊지 말아야 한다. 밀레랑Millerand 사건19)으로부터 1900-1910년 사이에 사회주의자들과 조합책임자들이 권력을 잡았던 때 사람들은 그들이 조합운동syndicalisme의 가장 나쁜 적들이 되어가는 것을 확인했다. 클레망소Clemenceau, 20)와 브리앙Briand, 21)의 예만으로도 충분할 것이다. 그것이 무정부주의 및 환경주의자들에 가장 가까울 수 있었던 운동을 하던 내가 정치적 참여에 항상 반대했던 이유였다. 나는 독일 녹색당 운동에 전적으로 반대했으며, 다른 한편으로 프랑스에서 환경주의자들의 정치적 참여의 결과가 어떠했는지도 확인할 수 있었다. 그것은 경쟁하는 여러 조합 운동 간의 분열이자 주요한 "세 명의 지도자"들이 주도한 환경주의자들 간의 공언된 적

---

19) [역주] 프랑스 제3공화국의 12대 대통령 알렉상드르 밀레랑(Alexandre Millerand)이 대통령이 되기 전인 1899년 사회주의자로서는 최초로 입각했던 역사적 사건. 그는 후에 우파로 변신한다.
20) [역주] 프랑스 제3공화국의 정치가. 급진적 사회주의자였으나 입각 이후 무자비하게 파업을 탄압하였다. 전시내각을 성공적으로 이끌어 1차 대전의 영웅이 되었고 파리강화회의를 주도하였다.
21) [역주] 프랑스 제3공화국의 정치인이자 외교관. 프랑스와 독일의 화해를 주도한 공로로 1926년 노벨평화상 수상. 사회주의자로 정계에 입문하였으나 후에 우파로 변신하여 파업에 잔혹하게 대처하였다.

대감, 잘못된 질문들(예를 들어 전략 전술 같은 것들)을 무찌르기 위한 바른 목표의식의 상실, 잦은 선거운동을 위한 비용의 낭비 등인데, 결국 아무 결실도 맺지 못한다. 내가 보기에 환경주의자들이 선거에 참여한 것은 그들 영향력의 대부분을 잃어버리게 하는 행동이었다! 우리 사회에서 중요한 어떤 것도 변화시킬 수 없는 정치적인 게임에 참여하는 것은 강하게 거부하여야 한다. 우리는 정치적 목소리를 통하여 그것이 무엇이든 변화시킬 수 있다는 희망으로 이해관계들과 기구들을 서로 통합시키려 하지만 그것은 너무 복잡한 일이다.

다국적 기업들에 관련된 다음의 한 예만 들어도 충분하다. 좌파는 집권하더라도 전 세계적인 경제 체제의 연대에 막혀 한 국가의 경제 체제를 바꿀 수 없다. 단지 권력에 도달하기 위해 그런 말을 한 건 아니었겠지만, 혁명이 전 세계적이어야 한다고 말했던 사람들에게도 일리는 있었다. 그러면 '행동' 하지 말아야 하는가? 이것은 급진적인 주제를 붙들어 온 사람들이 늘 들어온 질문이다. 그것은 오직 정치적인 행위만이 유일한 행동의 방식이라고 믿는 것처럼 들린다! 나는 무정부주의가 우선 '양심에 의한 거부' 라는 뜻을 내포한다고 믿는다. 우리 사회를 구성하는 자본주의(또는 퇴화해 버린 사회주의) 그리고 제국주의(부르주아지든 공산주의든, 백인이든 황인이든 흑인이든 간에 마찬가지로)에 있어서. 양심에 의한 거부는 병역에 한정될 수 없으며 우리 사회에 부과된 모든 강요와 의무들에 대해서도 유효하다. 세금을 거부하는 것, 백신을 거부하는 것, 의무 교육을 거부하는 것 등 역시 마찬가지다. 물론 나는 교육 제도에 호의적이다! 그러나 아이들에게 진정으로 필요한 교육이라는 조건에서, 그리고 분명히 아이들이 주어진 지식을 배우기 위한 교육일 때 의무가 아니라는 조건에서서 그렇다. 아이들의 재능에 근거하여 교육 형태는 구성되어야 한다.

백신의 경우, 한 주목할 만한 예가 있다. 한 친구(법학자이자 수학 학사이고 무정부주의자 또는 그에 가까운…)가 귀농을 결심했다. 그는 아주 거친 지방인 오뜨 루아르Haute Roire의 고원에서 십 년 전부터 목축하고 있다. 그런데 (내가 이 이야기를 굳이 하는 이유는 바로 이것이다) 다른 가축 떼들과 멀리 떨어져 있을 뿐 아니라 정성을 다해 기른 그의 가축이 아프타열에 걸릴 이유가 전혀 없다고 믿었기 때문에 그는 아프타열 백신을 자신의 가축에게 접종해야 하는 의무를 거부했다. 그리고 일어난 일들은 매우 흥미롭다. 정부 수의 당국으로부터 조사를 받았고 벌금을 부과받았다. 게다가 특히 백신의 사고 및 위험들에 대한 한 중요한 자료를 준비하다가 법정에 고발당하기까지 했다. 그는 처음에는 유죄 판결을 받았다. 하지만, 상소했고, 생물학자들 및 주요한 수의학자들의 보고서를 얻어냈으며, 항소심에서 무죄를 선고받는 쾌거를 이루어냈다. 이는 최근의 숨 막히는 규제에서 자유의 공간을 찾아낸 아주 좋은 예다. 그러나 그러한 것들을 위해서는 먼저 마음으로 원해야 하고 행동을 분산시켜서는 안 된다. 논점을 잘 찾아 공격하고 당국과 규제를 물러서게 하며 이기는 것이다.

우리는 코트 아키텐Côte Aquitaine 개발을 위한 정부 당국 간 연합 M.I.A.C.A에 대해 투쟁한 경험이 있다. 갖은 노력을 다해 지역 주민들에게는 재앙이 되었을 몇몇 계획들을 무산시킬 수 있었지만, 국가 최고 행정재판소 등등에 수없이 소송을 걸어야 했다.[22] 물론 이는 아주 미미한 행동일 수도 있지만, 다수가 주의 깊게 동참한다면 국가의 권력남용을 저지할

---

[22] 게다가 관심 밖의 일이긴 하지만 우리는 정부가 완전히 불법적인 방식으로 일할 수밖에 없도록 하는 데 성공했다 ; 그리고 이 메커니즘은 간단했다:정부는 모든 법률 규정에 벗

수 있다. 데페르Defferre에 의해 요란하게 진행되어 온 '분권화'가 자유의 수호를 더 어렵게 만들었다는 것을 고려한다면 더 그러하다. 왜냐하면, 오늘날 공공의 적은 국가가 아니라 어디에나 존재하는 무소불위의 지방정부들이기 때문이다.23) 그러므로 우리가 저항해야 할 권력은 어디에나 있으며 물론 경찰 또는 사법당국에 역시 이의를 제기하여야 한다. 우리는 다수 권력의 이데올로기적 거짓말들을 벗겨 내야 하며, 특히 민주주의 체제들이 당연하게 생각하는 법치국가론Etat de droit은 처음부터 끝까지 허구임을 밝혀내야 한다. 국가는 그 자신에게 속한 규칙들을 존중하지 않는다! 또한, 국가의 모든 선물에 대해 의심을 거두어서는 안 된다. 우리는 항상 '누가 돈을 대고 누가 명령하는지' 기억해야 한다. 나는 1956년 젊은이들의 부적응 예방 클럽들에 대하여 이야기했던 주목할 만한 시도에 대해 생각한다. (대체로 적응을 못 하는 것은 젊은이들이 아니라 사회 그 자체라는 내용의 이야기였다)24) 그 클럽들이 여러 곳에서 재정 지원을 받았고 보조금도 받았던 만큼 당연히 아주 잘 진행되었고 성과도 좋았지만, 그것은 젊은이들을 사회에 적응시킨다는 측면에서가 아니라 그들의 인격을 형성하고 파괴적인 활동들(가죽점퍼를 입고 마약을 하는 등등)을 보다 건설

어나는 공사를 시작했고 이 시행령과 법령 등등을 만들어 사람들이 원래부터 그런 법이 있는 것처럼 알게끔 이 공사들을 합법화했다! M.I.A.C.A.의 책임자 비아지니(Biasini)는 문제를 회피했는데, 모든 합법적 규칙을 무시하고 공청회 등등의 과정을 거치지 않았지만 이미 공사가 시작된 마당에 달리 아무것도 할 수 없다는 것이었다. 이미 불도저가 일을 시작했다는 이유만으로 다른 아무것도 할 수 없다는 말이었다. 법은 절대적으로 시민을 위한 것이라고 하면서도 정부는 불법을 허가한다. 이 드라마틱한 이야기는 행정법원에 의해 금지되었음에도 아무 일도 없다는 듯 진행되고 있는 일 드 레(Île de Ré)다리 건설에도 마찬가지로 되풀이되고 있다.

23) 국가의 재앙에 가까운 역할에도 불구하고 이는 명백히 사실이다. 다음의 책을 참조하라.
J.-J. LEDOS, J.-P. JÈZEQUEL, P. RÈGNIER :*Le Gâchis audiovisuel*, Ed. Ouvrières, 1987.

24) 다음의 책을 보라. Y. CHARRIER, J. ELLUL : *Jeunesse délinguante*

적이고 긍정적인 에너지로 바꾸어준다는 측면에서였다. 국가가 재정지원을 해 주면서 모든 것이 변화되었고, 모루아Mauroy 장관의 주도 아래 예방활동이 창안되었으며, 국가예방위원회가 설립되었지만, 결과는 참담했다.

그렇지만, 매우 중요한 강조점은 이러한 시도들이 계속되어야 한다는 것이다. 아주 중요해 보이는 행동 하나를 제시하고자 한다. 세금에 대한 거부다. 납세자가 세금을 더는 내지 않기로 하거나 적어도 군사지출에 사용되는 퍼센티지의 세금을 내지 않기로 하다면 거기에 아무런 문제도 없음은 자명하다. 그는 유죄 판결을 받을 것이고 잡혀가는 등등의 고초를 겪을 것이다. 그러한 시도가 가능해지려면 시도를 하는 사람의 수가 많아야 한다. 만일 천 명 또는 이천 명 정도의 납세자가 그러한 시도를 한다면 국가를 난처한 상황에 빠뜨릴 수 있으며 특히 미디어를 활용하기까지 한다면 더욱 그렇게 할 수 있다. 그러나 이렇게 하려면 오랜 준비, 캠페인, 팸플릿 등등이 필요하다. 또한, 즉시 실현할 수 있지만, 복수의 참여자들이 요구되는 한 예는 공교육 바깥에서 그러나 또한 '공인된' 사교육을 통하여 부모들에 의해 조직되는 학교다. 그것은 단순히 교원 자격증을 가진 몇 명의 지도로 그들이 아는 분야에 대해 확신하는 몇십 명 정도의 부모가 그들끼리만 조직하기로 마음먹어도 가능한 학교다. 콩-방디Cohn-Bendit 수사에 의해 세워진 생-나제르Saint-Nasaire 고등학교는 다음 세 참여자의 주도로 움직인다. 학생, 부모, 교사…. 이것이 가능해지려면 순수하게 개인적인 계획 위에서 권력(정치권력, 금권, 행정부의 권력, 사법부의 권력 등등)을 배제하고 이루어져야 한다.

개인적으로 재미있다고 여기는 한 예를 제시하려고 한다. 전쟁 중 우리는 시골로 피난 간 적이 있었다. 2년 후, 우리는 그 시골 마을 사람들의 신뢰와 우정을 얻게 되었다. 그런데 한 신기한 이야기가 시작되었다. 내가 법을 공부했다는 것을 알았던 주민들은 내게 법률상담을 하러 오기 시작했을 뿐 아니라 분쟁과 소송을 해결해달라는 의뢰까지 했다! 그러니까 나는 변호사, 조정 판사 그리고 공증인에 이르는 역할을 담당했다. 물론 이 일들(무료였다!)은 법의 관점에서 본다면 아무 가치 없는 일이겠으나 이해 당사자들에게는 아주 중요한 일이었다! 또한, 문제와 분쟁 등등의 해결 규정을 만들어 모두의 사인을 받았을 때, 모든 사람은 이 규정을 정부의 법령들만큼이나 권위 있는 것으로 인정했다…. 물론 권력을 거부한 이 지엽적이고 보잘것없는 사례에서 무정부주의 이데올로기의 확산이 필요하다는 것을 상기할 수 있다.

그런데 최근 정치사상의 절대적인 공백 속에 있는 우리 시대는 이러한 예에 매우 관심이 있다고 나는 생각한다. 아직도 19세기에 살고 있다고 스스로 착각하는 자유주의자들, 사회주의적인 어떤 것도 가지고 있지 않은 사회주의자들, 그리고 후기 스탈린주의에서 조금도 벗어나지 못하는 웃기는 공산주의자들 사이에서, 그리고 동업조합의 방어[25]라는 이해관계 외에는 어떤 다른 관심도 없는 노동조합들 앞에서, 이러한 거대한 (정치사상의) 공백 속에서 더욱 근대화되고 받아들일 만한 정치적인 입장들(환경주의자들 중 일부 및 조합관리주의자들 중의 몇몇)과 연대한다면, 무정부주의는 일어설 기회를 얻을 수 있다.

* * *

---

25) C.G.T.(프랑스 노동조합 연맹)가 고용의 보호라는 명분으로 콩코드 사의 말도 안 되는 주장을 지지하며 무기 공장들 및 무기 수출을 정당화했던 것을 잊어서는 안 된다!

내 생각은 여러 무정부주의의 태도 중에 하나이며, 나는 무정부주의적인 투쟁이 선이라고 믿는다. 진짜 무정부주의와 내 입장은 어떤 점에서 차이가 있을까? 오랜 세월 우리의 관심사였던 '종교적인' 문제를 제외한다면, 차이점들은 대체로 다음과 같을 것이다. 진짜 무정부주의자는 국가나 권력, 기관, 위계질서 등등이 없는 무정부사회가 실제로 현실화될 수 있다고 믿지만, 나는 그렇지 않다고 믿는다. 다시 말해, 무정부주의 투쟁, 무정부 사회를 향한 투쟁이 문제의 본질이며, 그러한 사회가 실제로 실현되는 것은 불가능하다는 것이다. 그것은 다음의 두 이유 때문인데 두 번째 이유부터 설명하겠다. 사실상 권위 또는 제도가 없는 사회의 이미지 또는 희망은, 인간은 나면서부터 선하며 그것을 부패시키는 것은 사회라는 믿음에서 비롯된 것이다. 극단적으로는 다음과 같은 선언도 있었다. "절도를 부추기는 존재는 바로 경찰이며, 경찰을 없앤다면 절도 역시 사라질 것이다." 사회가 개인을 부패시키는 데 주요한 역할을 한다는 말에는 나 역시 동감하는 바다. 예전의 사회는 엄격함과 강요와 억압이 지나쳤던 것은 사실이다. 그 시절 사람들은 폭력 또는 테러의 방법을 사용해서라도 '억압에서 벗어나고자' 했다. 오늘날 서구 사회에서 인간의 부패는 더욱 다른 의미에서다. 그것은 인간을 소비로 밀어 넣는 광고(그러므로 이러한 소비 여력이 없는 사람들은 절도를 시도한다), 고삐 풀린 포르노그래피, 미디어에 노출된 일상화된 폭력에 의한 것이다. 미디어는 범죄의 증가 및 이웃에 대한 증오를 부추기는 것으로 보인다. 그렇더라도 이러한 모든 것의 원인이 '사회'일 수는 없다. 네덜란드의 마약 정책이 이에 대한 중요한 한 예다. 마약 소비는 늘어나고 공급은 막혀 있는 상황에서 네덜란드 정부는 1970년 무렵 다른 주변 국가들과는 다른 정책을 채택하려 했다. 마약 거래에 붙는 불법적인 중개인 수수료 루트를 끊고자 (또한, 금단의 열매에 대한 유혹을 없애려고) 마약 사용을 허가하고 의료적 감시를 통해 정부가 처방전과 함께 무료 마약 공급 센터들을 열기로 한 것이다. 사람들은 이렇게 하면 마약 거래를 (딜러들은 물론이거니와 터무니없이 비싼 약값을 마련하기 위해 폭력을 불사하는 등의 부작용들도 함께) 끊을 수 있을 것이며 마약에 대한 욕망도 서서히 줄어들 거라고 확신했다. 그런데 전혀 그렇게 되지 않았다. 암스테르담은 마약의 수도가 되었으며 암스테르담 중심가는 마약중독자들의 무시무시한 집결지가 되어버렸다.

그러므로 인간의 욕망을 멈추게 하려고 억압을 멈추는 것으로는 충분하지 않다. 그와 반대되는 믿음들이 있음에도, 그렇게 하는 것은 좋은 일이 아니다. 내가 볼 때 그러한 확신은 '죄'라고 하는 기독교적인 개념과 아무 상관이 없다. 그러한 확신은 사실 하나님과의 관계 속에서만 존재하는 것이다. 오랜 기독교의 오해는 죄를 하나의 도덕적 잘못으로 간주하는 것이다. 그것은 성서적으로 본다면 틀렸다. 죄는 하나님과의 단절이며, 그로 말미암은 결과다. 내가 사람이 선하지 않다고 할 때 나는 기독교적인 관점 또는 도덕의 관점에서 말하는 것이 아니다. 인간이 처한 사회 또는 그가 받은 교육이 어떠하건 인간의 두 가지 주요한 특징은 탐욕과 권력추구다. 그것은 어디에나 있으며 항상 존재한다. 만일 인간에게 완전한 자유의지가 부여된다면 필연적으로 그는 누군가를 또는 무언가를 지배하려 할 것이며 반드시 다른 사람에게 또는 아무에게도 속하지 않은 무언가를 욕심낼 것이다. 이 탐욕은 매우 거대한 것으로 채워지지 않고 만족하지 않으며 하나가 채워지자마자 곧바로 다른 것에 대해 욕심을 내는 것이다. 지라르 Girard, 26)는 이 탐욕의 결과에 대해 아주 잘 설명하였다. 서로 힘을 겨루며 경쟁하는 사람들 또는 탐욕에 젖어 같은 것을 놓고 경쟁적으로 욕심을 부리는 사람들은 어떤 사회도 만들어낼 수 없다. 결국, 이상적인 무정부주의 사회는 결코 현실화될 수 없다. 또한, 어차피 이 모든 것이 오랜 기간에 걸친, 한때 선했던 인간의 타락으로 말미암은 것이라고 한다 할지라도, '과도기'를 염두에 두어야 한다고 나는 말하고 싶다. 왜냐하면, 너무 깊이 닻이 내려져 있던 경향들이 한 세대 정도의 기간만으로 쉽게 지워지지 않음은 자명하기 때문이다.

그러면 어떻게 할 것인가? 틀을 갖추려면 얼마만큼의 시간이 있어야 할까? 선한 목소리로 인도되고 정의롭고 자유롭고 굳건한 정치를 이끄는, 필요한 권력기구들이 자리 잡으려면 얼마만큼의 시간이 있어야 할까? '국가의 소멸'을 바라야 할까? 우리는 지금 이 이론을 적용한 시도들을 이미 겪었다…. 그 어느 때보다 더 우리는 "모든 권력은 부패하며 절대 권력은 절대 부패한다"는 것을 기억해야 한다. 이것은 지복천년설을 믿던 사람들 및 "신국神國"을 추구하던 사람들 등등의 경험이기도 했다. 하지만, 무너져 버릴 권력들 및 권위들을 실제로 대체할 자치 제도를 낳는 바닥민중-역주으로부터의 새로운 제도들(이미 전술한 바 있다)이 생겨나는 것이 내게는 더 올바르고 가능해 보인다. 다시 말해, 그러한 것을 현실화하기 위해서 1880년에서 1900년 사이에 있었던 많은 무정부조합주의자anarcho-syndicalistes을 돌이켜 본다. 그들에게 노동자 기구들, 노동조합들 그리고 노동자 연금조합은 부르주아 국가 제도로부터 바통을 이어받은 것이어야 했

---

26) [역주] 르네 지라르(René Girard , 1923-) 프랑스의 철학자이지 아카데미 프랑세즈의 회원으로 기독교 신학에 바탕을 둔 철학적 인간학을 주창하였다. 스탠퍼드와 듀크 대학의 교수였으며 인간의 모방 행동의 기원을 추적하여 폭력과 종교가 어떻게 발생하게 되었는지 설명하였다.

다. 그것은 권위적이고 위계적인 방식으로가 아니라 아주 민주적인 방식으로 운용되어야 했으며, 연맹들은 지역적이 아니라 '전국적'인 연대를 맺고 있어야 했다. 그것은 다음과 같이 시작되었다. 1914년 1차 대전이 시작되었을 무렵 한편으로는 무정부조합주의자들을 없애버리기 위한 정책이 논의되었고 다른 한편으로는 그 역시 전임자들이 지명되는 그 시점부터 생겨나는 급진적인 돌연변이일 뿐이라는 옹호가 있었다. 거기에 거대한 오류가 있었다. 그와 동시에, 노동자 연금조합들은 완전히 처음의 성격을 잃어버렸고 프롤레타리아 엘리트의 온상이 되어 버렸다.

요약하자면, 나는 '순수한' 무정부사회를 믿지 않지만, 새로운 사회 모델을 창조할 가능성은 믿는다. 유독 오늘날, 이 모든 것은 새롭게 창안되어야 한다. 노동조합들, 노동자 연금조합, 분권화, 연맹 시스템, 이 모든 것은 낡았으며 변질하여 유통기한이 지나 버렸다. 또한, **모든** 정치 형태들 역시 낡았고, 실제로는 존재하지도 않으며 의회주의, 선거 시스템, 정치정당들 역시 독재 정부나 마찬가지로 참을 수 없이 유명무실하다. 제대로 남아 있는 것이 없다. 이 부재는 시간이 지날수록 점점 더 정도가 심해지고 광범위해지며 구석구석으로 확산한다. 사실상 존재하지 않는 정치 제도들, 정치 계급의 이익을 **위해서만** 작동하는 민주주의, 나폴레옹의 국가보다도 더 광범위하게 힘, 권력, 권위, 사회 통제가 증가하게 하는 정부 시스템을 사람들은 더는 믿지 않는다! 그것은 단지 기술 덕분이다. 문제는 기술사회에 대함이 아니다. 왜냐하면, 권력이 기술자에게서 나오는 것은 아니므로, 모든 힘의 원천이 기술인 체제가 문제이며 기술자들은 영감을 제공하고 잠재력을 제공하는 사람들일 뿐이다. 모두가 알고 있는 바, 국가, 관료주의, (광고 또는 정보라는 이름으로 변장한) 선전물, 개인의 순응, 모든 것을 "생산자/소비자" 관계로 변형시키려는 명백한 의지 등등의 증가를 다시 언급할 필요는 없을 것이다. 그런데 이러한 솟구치는 증가를 통제할 것은 아무것도 없고 문제조차 제기되지 않는다.27) 게다가 교회들조차 한때 그들의 사명을 배신했다. 정당들은 한 세기 전의 희곡을 위한 연극 활동에 전념했다. 그리고 내가 무정부주의를 유일하고 진지한 문제제기이자 행동을 위한 첫발을 내딛는 양심의 수단이라고 여기는 것은 이러한 상황 속에서다. 내가 진지한 문제제기에 대해 말할 때 그것은 무정부주의는 권력의 강화로 변질할 가능성이 없기 때문이다. 마르크시즘의 경우, '프롤레타리아 독재'라고 말할 때 그것은 나머지 사회 위에 존재하는 한 권력을 전제하는 것이며, 이 권력은 소수에 대한 다수의 권력에 관계된 것으로, 그 원래의 의미는 인간 위에 군림하고 인간의 힘을 거부하는 것이다. 다행히 나는 이미 전술한 바 완전히 그것(권력의 존재-역주)을 막을 수는 없다고 생각한다. 하지만, 우리는 투쟁할 수 있으며, 문제를 제기할 수 있고, 모임을 조직할 수 있으며, 또한 고발할 수 있다.(우리가 고발할 것은 권력의 남용이 아니라 권력 그 자체다!) 그리고 오직 무정부주의만이 마르크시즘을 가장 잘 구현할 수 있는 사상이다.

그러므로 내가 보기에는 무정부주의 운동을 추진하는 것 이상으로 필요한 것은 없으며 우리는 그것을 널리 홍보하여야 한다. 사람들이 상상하는 것과는 달리, 이전의 세대에서보다 훨씬 더 많은 사람이 들을 준비가 되어 있다. 대부분 사람은 자기를 방임하고 마음이 닫혀 있으며 폭력으로 문제를 해결하려 하고 텔레비전에 길들어 있으며 정치적 연설이나 정치적 삶

---

27) 한 예로 코르넬리우스 카스토리아디스(Cornelius Castoriadis) 같은 고립된 학자들의 학문적 연구에서는 과학의 위험을 내다보기는 하지만 매우 소수에 불과하다.

을 완전히 조롱한다. 그들은 아무것도 희망할 것이 없다고 생각한다. 그리고 거꾸로 그들은 관료주의 및 번잡한 행정절차의 틀 안에서 신음하고 있다. 이 모든 것을 고발하라. 그러면 당신은 대중의 귀를 얻게 될 것이다. 한 마디로 다시 말한다면, 국가와 관료주의 사회의 권력이 증가할수록, 개인(다른 말로 하면 인간)의 유일하고 최종적인 방어로서 무정부주의의 필요성은 더 증가한다. 무정부주의는 그 날카로움과 용기를 다시 찾아야 하며 더 나은 미래를 목전에 두고 있다. 그러므로 나를 사로잡는 것은 바로 이러한 무정부주의다.

II. - 기독교에 대한 무정부주의의 불만들

여기서는 19세기 기독교에 대한 무정부주의의 공격들을 되짚어 보고, 있어서는 안 되는 것을 덮으려는 시도 없이 나 자신을 설명하려 할 것이다. 이것은 기독교를 '정당화'하려는 시도가 아니다. 그러나 나는 먼저 "기독교Christianisme"(다른 것들과 마찬가지로 "주의isme"로서의 기독교) 또는 기독교 세계Chrétienté 그리고 그리스도 신앙 및 성서적 근거 사이에서 오랜 설명을 시도해 왔던 이의 제기를 상기하는 것으로 이야기를 시작하려고 한다.[28] 나는 여러분이 다음의 두 가지 유형의 기독교에 대한 공격을 구별할 수 있으리라 믿는다. 본질적으로 역사적인 기독교와 형이상학적 질서에 따른 기독교.

---

28) 자끄 엘륄 : 『뒤틀려진 기독교』 *La Subversion du christianisme*. 대장간

*　*　*

첫 번째 근본적인 증명은, 모든 종교는 어떠한 종교이건 중심 주제는 **진리**인 만큼 전쟁과 갈등의 근원이며, 종교에서 비롯된 '전쟁'은 순수하게 정치적이거나 군주의 자의에 의해 일어난 것들보다 결국 훨씬 더 심각하다는 것이다. 반대자는 악과 거짓이 육화된 존재이므로 완전히 제거되어야 한다. 항상 그래 왔다. 전통적인 종교에서뿐만 아니라 그것을 대체해 온 국가 종교, 공산주의 종교, 돈을 숭배하는 종교, 등등의 새로운 종교에서도 예외는 아니다. 종교 신앙의 이름으로 자행되어 온 모든 전쟁은 한때 로마의 전쟁이 그러했던 것처럼 '속죄 없는 전쟁'이다. 그러나 악을 말소해버릴 것처럼 끔찍했던 전쟁들에서조차도 그 흘린 피로 인해 악이 말소되지 않았다. 우리의 전쟁은 어떤 예외도 동정도 없이 적을 짓이겨야 하기 때문에 속죄 없는 전쟁인 것이 아니다. 이러한 전쟁은 성서에서도 발견되는데, 유대 민중의 적에 대한 전멸을 의미하는 헤렘*Hérem*이 선포되었으며, 이는 여자, 아이 그리고 가축들까지 죽여야 함을 뜻했다. 물론 이 헤렘에 대한 본문들은 성서를 진지하게 받아들이는 신자들에게는 아주 강력한 근거다! 또한, 이슬람이 이끄는 전쟁이 있는데 그 원칙은 다음과 같다. 세상에서 태어나는 모든 아이는 그 태어난 사실만으로 이슬람이다. 그가 이슬람이기를 거부한다면 그것은 부모의 책임이며 그 사회의 책임이다. 모든 이슬람 사람의 의무는 타인을 진정한 신앙으로 이끌고 오는 것이다. 그리고 반대로 이슬람 지역*oumma: 공동체*의 범위는 전 세계이다. 어떤 것도 이 신앙에서 벗어날 수 없다. 그러므로 이 세상은 거룩한 전쟁*djihad, 聖戰*의 원칙에 따라 정복되어야 한다. 이는 내가 주장하는 것이 아니라 자명한 사실이며, 내가 상관할 문제도 아니다. 그럼에도, 이슬람은 열성 신자들을 가진 어떤 다른 종교들보다 확신에 찬 견해가 있으므로 무제한으로 죽이고 또 죽일 준비가 되어 있다.

하지만, '기독교' 전쟁들이 있다. 이것은 그 기원들로부터 비롯된 것이 아니라 카롤링거 왕조와 함께 시작된 것이다. 로마(콘스탄티누스 이후)의 기독교 황제들이 수행한 전쟁들은 어떠한 종교적인 성격도 가지고 있지 않다. 그것은 4세기 전부터 수행되어 온 전쟁들과 같은 성격을 가진 것으로 제국의 국경을 방어하려는 것이었다. 제국의 거대한 해체 및 메로빙거 왕조 시대 이후 종교 전쟁8세기의 개념이 생겨난다. 그리고 이 기독교의 거룩한 전쟁들이 한 세기 전 일어난 이슬람의 모방이라는 가정을 나는 감히 하고자 한다. 전쟁은 기독교 세계에서 정복 전쟁의 수단이 되었으며 이교도를 그리스도인이 되도록 강제하고자 함이었다. 그 정점은 "외방의 주교"로 봉헌된 샤를마뉴였으며 잘 알려진바 작센인들을 향한 그의 모험에서 그 특징이 잘 드러난다. 작센 일부를 점령한 샤를마뉴는 작센 사람들을 십자가 앞에 세운다. 그리스도인이 될 것인가 아니면 죽을 것인가; 알려진 바로는 6천의 작센 사람들이 그렇게 학살되었다. 그리고 이어진 것은 오래 계속된 십자군 전쟁, 알비파와 카타리파[29]에 대한 기독교 세계 내부의 종교 전쟁, 프로테스탄트와 가톨릭 간의 16-17세기에 있었던 '종교 전쟁들'과 같은 끔찍한 전쟁들이었다. 크롬웰의 전쟁들과 '식민주의' 전쟁들에 이르기까지 진리 또는 종교는 변명, 구실, 이데올로기 그리고 정당화에 지나지 않는다. 엄밀하게 말해 그것은 종교 전쟁이 아니라 종교가 살짝 녹

---

29) [역주] 12-13세기 무렵 남부 프랑스 지역에 널리 퍼졌던 기독교 이단 종파들로 인노첸시오 3세에 의해 무자비하게 제거되었다. 이들의 교리적 입장은 오늘날 개신교의 묵시적 종말사상과 크게 다르지 않았다.

아든 전쟁이다.

그러나 나의 이의제기는 다음의 것이다. 전쟁을 거룩한 의무로 만드는 종교 또는 (몇몇 인디언 또는 아프리카의 부족들에서 시행되는) 의식의 시험과 모든 폭력을 배척하고 거부하며 단죄하고 제거하는 '종교' 사이에는 심대한 차이가 존재한다. 전자의 경우, 중심 되는 메시지 즉 진리의 말씀과 전쟁 행위는 사실상 같은 개념이다. 후자의 경우, '종교적' 계시와 전쟁 행위는 모순된다. 권위들, 지성인들 또는 전쟁의 예보로 뜨겁게 달궈진 여론이 전쟁의 정당성을 확신하게 한다 할지라도 신자의 의무는 이에 맞서 무엇이 중심 되는 영적 메시지인지 상기하고 전쟁을 부르는 거짓말에 대해 급진적으로 논박하는 것이다. 물론 이는 매우 어려운 일이다. 신자는 사회적 흐름에서 벗어날 수 있어야 하며 또한 지성인들과 군중에 맞설 수 있는 용기가 있어야 한다! 그런데 기독교에 있어 다음의 문제가 있다. 중심 메시지가 "하나님은 사랑이시며 네 이웃을 네 몸처럼 사랑하라"인 '종교'가 어떻게 예수의 계시와 반대되는 이 결코 정당화될 수 없고 수용할 수 없는 전쟁을 인도할 수 있는지 이해할 길이 없다. 나는 물론 어떤 논리들이 이 정당화에 동원되는지 알고 있지만, 그것은 좀 더 나중에 다룰 것이다. 지금 우리의 문제는 예수의 계시가 한 종교의 탄생을 위한 것이어서는 안 된다는 것이다. 모든 종교가 전쟁의 전달자일지라도 하나님의 말씀은 하나의 '종교'가 아니며, 종교야말로 그것에 대한 거대한 배신이다.30)
그럼에도, 기독교 신앙에는 (다음의 문제로 연결되는) 두 가지 문제가 남는데, 그것은 **진리**와 **구원**의 문제다. 전술한 바와 같이 종교에 대한 불만 중 하나는 종교가 배타적인 **진리**를 붙잡는다는 것이다. 이는 분명한 사실

---

30) 참조 : 『뒤틀려진 기독교』 대장간

이며 기독교도 예외는 아니다.

하지만, 여기서 '기독교적 진리' 라 함은 무엇을 말함인가? 중심 되는 본문은 예수의 말씀이다. "나는 진리요…." 그러므로 나중에 사람들이 말하고 행하게 된 바와는 달리, 진리는 도그마의 총합도 아니요 공의회나 교황의 결정도 교리도 아니며, 책으로서의 성서조차도 아니다. 진리, 그것은 바로 한 인격이다! 그리고 그것은 '기독교 교리'에 속한 질문이 아니다. 그것은 당신에게 말하고 계신 어떤 사람에 대한 확신을 주는 질문이다. 기독교 진리는 신앙 안에서 신앙에 의해서만 붙잡을 수 있고 들을 수 있고 받아들일 수 있다. 그러므로 신앙은 강요할 수 없다. 성서 본문이 그렇게 반복하여 말하고 있을 뿐 아니라 상식적으로도 그렇다. 아무도 당신에게 당신이 믿지 않는 어떤 사람을 믿으라고 강제할 수 없다. 마찬가지로 기독교적 '진리'는 어떤 경우에도 폭력이나 전쟁 등등에 의해 부과될 수 없다. 그럼에도, 바울은 다음과 같은 충고를 하면서 사실상 올 것들을 미리 믿지 않았다. "사랑 안에서 진리를 행하라." 그것은 진리를 행함에 관계된 것이다.(어떤 사상의 체계를 받아들이라는 뜻이 아니다.). 이것이 뜻하는 바는 "예수를 따르라" 또는 "예수를 닮으라"는 것이다…. 그러나 이 진리 역시 배타적일 수밖에 없다. 그러므로 이 진리를 붙들되 **사랑 안에서** 그렇게 하여야 한다. 그리고 이것은 매우 어렵다! 교회의 역사를 통하여 우리는 무한진동을 확인한다. 이웃에 대한 사랑 없이 진리를 말하다가도 (예를 들어 진리를 강요하는 것 등등) 금세 이웃에 대한 사랑을 내세웠던 것이다. (단순한 복음 말씀들조차 완전히 잊어버린 채로!)

두 번째 문제는 구원의 문제다. 이것은 기독교에서 아주 잘 알려진 생각인데, 예수 그리스도를 믿지 않는 모든 사람은 '잃어버린 바 되었다'는 것이다. (사람들은 후에 이것을 '정죄 되었다'고 말하지만, 이는 성서가 말하는 바는 아니다.) 결국 그들을 '구원'하기 위해서는 우선 그들에게 예수 그리스도 안에서의 복음이 선포되어야 한다…. (여기서 문제는 심각해진다.) 맞다. 하지만, 그들이 믿기 원하지 않는다면? 그렇다면, 사람들은 전위적으로 신앙을 '강제' 해야 한다는 생각에 이르게 된다. (그리고 샤를마뉴의 정복에서 시작하여 페루의 정복 등등에 이르기까지 이러한 시도들은 계속되었다.) 이러한 강제는 위협에서 사형 집행에 이르기까지 극단적이 될 수 있다. 그리고 이에 대한 거대한 정당화는 (종교재판에서처럼) "그들의 영혼을 구원"한다는 것이다. 이 '영원한 지복'을 위해 육체를 죽음에 이르게 한다니 이 무슨 말인가? 게다가 이러한 사형 집행에는 "오토다페 autodafé, 신앙 행위, 31)라는 이름이 붙기까지 했던 것이다. 예수 그리스도의 설교, 바울의 서신들 그리고 예언자들의 예언에서조차 그러한 예를 찾아볼 수 없음은 자명하다. 신앙은 자유로운 행위로서 생겨나야 하며 강요에 의한다면 아무 의미가 없다. 예수님께 아버지라 불리신 하나님이 강제에 의한 신앙을 원하신다고 어떻게 말할 수 있겠는가! 성서에 충실하고자 하는 그리스도인이 보기에, 결국 기독교와 기독교 세계를 비판하는 이러한 입장에서, 무정부주의자들이 역사적으로 실행된 폭력적인 정치행위, 강제 그리고 전쟁을 고발할 완전하고도 충분한 이유를 가졌음은 명백하다.

* * *

역사적인 관점에서 본 두 번째 비판은 앞선 비판의 이웃사촌으로 국가

---

31) [역주] 종교 재판에서 형의 선고에 따르는 의식 또는 형 선고 후의 처형 또는 화형.

와의 결탁에 관한 것이다. 콘스탄티누스 이래로(그리고 약 20년 후 그는 결국 회심했지만, 역사학자들은 그의 회심이 진지한 것이었는지 회의적이며 그것이 순수하게 정치적인 행위였던 것으로 본다) 국가는 '기독교적'32)국가가 된다. 교회는 그로 말미암은 편리함을 얻게 되지만, (국가는 사람들을 강제하여 '기독교인'이 되도록 교회를 도울 것이며, 교회에 크게 도움이 될 보조금을 쏟아 부을 것이고, 예배 장소를 보장해 줄 것이며, 성직자들에게 특권적 지위를 수여하는 등등의 혜택을 줄 것이다.) 그럴수록 교회는 제국의 위치가 신학에 녹아들 수 있도록 도울 것이며(!) 교회가 아닌 국가가 '참된 교리'를 결정하는 일이 잦아질 것이고(!) 국가가 공의회를 소집하고 주교 임명을 감독하는 등등의 일이 일어날 것이다. 교회는 국가를 떠받들어야 할 것이다.

왕좌와 **제단**의 동맹은 왕정복고33)시대에나 일어난 일이 아니라 이미 5세기에 일어났다. 이 두 영역을 분리시키려는 시도가 있기는 했다. 하나는 현세적이며 다른 하나는 영적인 이 두 영역의 융합은 끊임없이 반복적으로 시도되었고 나의 다른 책에서 전술한 바대로 교황은 내방의 주교요 황제는 외방의 주교였다. 떼 데움Te deum을 비롯한 대관식 기도문들은 교회와 정치권력을 섬겨야 하며 민중에게 권력을 공인해주어야 하는 교회의 개념을 잘 표현했다. 파렴치하기 짝이 없었던 나폴레옹은 다음과 같이 말했다. "민중은 신부에게 복종하고 신부는 주교에게, 그리고 주교는 나에게 복종한다." 교회가 결정적으로 국가를 홍보해주는 대리인이었고 지금

---

32) 다른 책에서 나는 국가, 사회 또는 제도는 기독교적이 될 수 없다고 말한 바 있다! 자명하게도 이 "기독교적이 된다는 것"은 국가가 절대 할 수 없는 신앙의 행위를 전제하기 때문이다.
33) [역주] 1814년 나폴레옹이 실각하고 프랑스에서 부르봉 왕조가 다시 집권한 사건.

도 그렇다는 것을 이보다 더 잘 표현한 선언은 없었을 것이다. 왕은 하나님에 의해 임명되었으므로 (이러한 입장에 대한 반대가 많았음에도) 왕에게 불복종하는 것은 하나님께 불복종하는 것이었다. 이는 일반화될 수 없다. 다시 말하지만, 이것이 공식 교리이자 고위 성직자 및 교회 지도자들의 교리(정교회 및 루터교회의 교리이기도 하다)일지라도 '근본적으로' 일반 성직자 및 하위 성직자에게는 그렇지 않다! 내 전공이기도 한 14-15세기에는 농민 폭동의 대부분에 있어 일반 사제들은 교구민들과 함께 했으며 그들 반란의 지도자인 경우도 있었던 것이다! 그러나 그것은 결국 대량학살로 이어지는 것이 일반적이었다. 민주주의로 이행한 이후에도 달라진 것은 있는가? 우리가 상상하는 것만큼은 아니다. "권력은 하나님에게서 온다"는 생각은 민주주의 국가로 이행한 이후에도 변하지 않았다. 이상하게도 이는 아주 오래된 양식이다. 9세기 이래로 몇몇 신학자들은 다음과 같이 말하고는 했다. "모든 권력은 민중을 거쳐 하나님에게서 온다 Omnis potestas a Deo per populum". 그러나 이것이 민주주의에 직접 해당하는 말이 아님은 자명하다. '기독교적' 민주주의에서 역시 이러한 동맹은 큰 차이가 없으며 교회로서는 더 손해가 되는 동맹이다. 세속 민주주의에서 신학적으로는 완전한 분리가 존재하지만, 확실히 그렇지는 않다. 교회는 이러한 신학적인 입장에 대하여 불확실한 태도를 보인다. 교회는 왕 아래에서는 친군주적이요, 나폴레옹 아래서는 친황제적이었으며, 공화주의자들 앞에서는 친공화주의가 (이 경우 가톨릭교회에서는 갈등과 주저가 있었지만, 프로테스탄트 교회들은 적극적이었다) 되었다.

더 심한 경우 공산주의 국가에서 교회는 친공산주의화 되었다. 그렇다! 헝가리에서 그리고 체코슬로바키아에서 개혁교회들은 흐로마드카

Hromadka 및 베렉츠키Bereczki 와 손잡고 공개적으로 친공산주의 교회가 되었다. 그리고 소비에트 연방 치하에서 1941년의 전쟁(2차 세계대전; 역주) 시 스탈린은 정교회의 지원을 요구했고(예를 들어 전쟁 때 돈 빌려간 사람들의 채권을 예치하는 식으로!) 교회는 매우 즐거이 그에게 봉사했다. 그리고 그 이후로, 정교회는 체제의 훌륭한 수호자가 된다. 가톨릭교회는 여기서 더 나아가 스스로 채권을 발행했고, 독일 가톨릭교회는 히틀러 체제 하에서 직접적은 아니었지만 그를 지원했다. 또한, 교황은 히틀러와 협정을 맺기까지 했다. 이 모든 예는 정치권력의 형태가 어떠하든 교회 권력 및 지도층이 국가의 옆에 붙어 있었음을 보여준다.

그리고 공산주의 쪽에서 니카라과Nicaragua 같은 라틴 아메리카 체제들을 잊어서는 안 되는 이유는 이 지역에서 공산주의가 가톨릭교회 및 '해방' 신학자들 덕분에 자리 잡을 수 있었기 때문이다.

최근 이에 반하는 유일한 예는 잘 알려진 대로 폴란드의 경우다.

교회들은 국가 형태에 적응하는 동시에 그 이데올로기도 흡수한다. 흥미로운 것은 가톨릭교회가 유럽을 넘어 전 세계를 아우르는 하나의 보편적인 기독교 세계에 대해 주장하는데… 그것은 한때 제국(신성로마제국; 역주)이 보편적으로 어디에나 뻗쳐 있었기 (또는 있었다고 주장했기) 때문이다! 하지만, 서구 세계가 민족국가들로 나뉘게 되면서 교회 역시 민족국가의 교회들로 나뉘어졌다! 한 좋은 예가 바로 잔 다르크의 경우다.[34] 그리고 16세기 이래로 전쟁은 민족국가 간의 전쟁이 되었고 교회는 각각의 나라의 교회로 나뉘어 각각의 국가를 지원했다! 비기독교인들에게는 별것

---

[34] 나는 비범한 소녀였던 잔 다르크를 매우 존경하지만, 프랑스가 프랑스-영국 왕조로 통합되었다면 (다시 말해 백 년 전쟁에서 영국이 승리했다면-역주) 그녀의 이야기는 더욱 단순히 서술되지 않았을까 생각한다.

도 아니었지만 "Gott mit uns"[35]라는 이상은 기독교인들에게는 커다란 스캔들이었다. 사람들이 성서를 심각하게 왜곡한 나머지 두 국민은 각각 전쟁 중에 하나님께서 자신들을 위해 싸우시며 자신들이 구약의 '선민'이거나 요한계시록에 나오는 비유적인 전쟁의 주인공인 양 여긴다. (정적政敵은 사탄이 되고 만다!) 마지막으로 기독교인 또는 교회들로부터 생겨나는 폭력의 이러한 양상들에 이단 박멸 및 종교재판을 더하지 않을 수 없다. (그리고 여기서 우리는 진리를 배타적으로 수호하려는 교회가 스스로 절대 무오하다고 믿는다는 것을 재확인한다.) 그럼에도, 여기에는 어떤 미묘한 차이가 있다. 물론 종교재판기구는 엄밀하게 말하자면 13세기1229년 초에 만들어져 이단(알비파와 카타리파)과, 14세기 무렵에는 마법[36]과 싸웠다. 하지만, 사람들이 일반적으로 말하는 것과는 달리 사형 판결 또는 화형은 극히 드물었다. 전술한 것처럼 유일한 예외가 카타리파에 대한 것이었다. 나는 박사 과정의 학생들에게 서남부(바욘느Bayonne, 툴루즈Toulouse, 보르도Bordeaux)의 보존된 종교재판 기록들을 연구하게 했다. 우리가 찾아낸 것은 고작 일 년에 평균 6-7건의 유죄 판결이었다. 그러나 종교재판은 한편으로는 여론을 통제하는 장치이자 다른 한편으로는 (그 익명성 및 재판 절차의 비밀성 때문에) 그 존재 자체로 충분한, 집단적 공포를 조장하는 기구였다. 이것은 정치권력의 손에 들어가면서 그 성격이 완전히 바뀌었다! 종교재판정은 몇몇 왕조들에 의해 '집어삼켜' 졌다. 그러므로 16세기 이래로 종교재판은 무서운 기구가 되었다. 포르투갈, 스페

---

35) [역주] God with us.
36) 일반적으로 사람들은 마법사 문제에 대한 교회의 초기 태도에 반신반의한다. 4세기와 10세기에 기록된 텍스트들에 따르면, 주임사제들이 신자들에게 마술과 마법은 존재하지 않는다고 가르쳤다! 사람들이 마법사들을 처벌하기 시작한 것은 13세기부터이며 특히 14세기 대재앙들(특히 페스트)로 인해 그 빈도가 급격히 상승하였다.

인 그리고 베네치아 공국에서 종교재판은 완전히 정치권력의 수중에 있었다. 그것은 그때부터 공포를 조장하는데 그치는 것이 아니라 실제로 "정치-종교적"인 이유로 사람들을 죽음으로 몰고 가는 기구가 되었다. 그리고 카타리파의 경우 이미 종교적이면서도 정치적인 문제였다. 카타리파는 아이를 가질 필요가 없다고 가르쳤으며, 이 때문에 몇몇 왕들은 그들 왕국의 인구가 줄어들 것을 염려했다….

이러한 설명들의 끝에 뭐가 있든 간에 무정부주의자들이 이러한 기독교와 교회의 행위들에 문제를 제기할 충분한 이유가 있으며, 이는 사실 종교의 이름으로 존재했던 용납될 수 없는 형태의 권력이었음을 나는 다시 말할 것이다. 그러나 이 둘(교회와 정치권력: 역주)은 혼동되어왔고, 무정부주의자들은 이러한 상황 속에서 종교를 거부할 이유를 가졌던 것이다. 또한, 지금까지의 논의에 더하여 민중을 착취해서 얻은 교회 및 고위성직자들의 부유함, 그리고 19세기 교회와 자본주의 권력의 제휴에 대해서는 더 강조할 필요조차 없을 것이다. 우리 모두는 끔찍하게 변용되어 버린 예수님의 말씀을 알고 있다. "가난한 사람들은 복이 있나니…." 또한 마르크스는 민중의 아편을 고발할 이유가 있었다. 왜냐하면, 이 시대 교회에 의해 설교된 기독교는 진짜로 민중의 아편이었기 때문이다!

나는 다음 두 가지를 덧붙이면서 말을 마치려고 한다. 우선 교회들이 더는 권력을 가지고 있지 못하는 시점으로부터, 정치권력과 교회들이 더는 연결되어 있지 않은 시점으로부터, 그리고 교회에 등록된 신자들의 수가 급감하는 시점으로부터 상황은 분명히 밝아지고 개선되리라는 것이다. 이해관계 또는 두려움 때문에 교회에 머물렀던 사람들은 이미 떠났다! 두 번째로, 기독교 및 교회들에 대한 무정부주의자의 전술한 바와 같은 비난은

(그리고 그 외 마르크스주의자, 자유주의 사상가들 등등으로부터의 비난은) 그리스도인들에게 사실상 성서 메시지와 복음을 더 잘 이해해야 하고 그들 자신과 교회의 행동을 바꾸어야 하며 성서를 더욱 잘 이해해야 한다는 요구로 받아들여져야 한다.

*　*　*

역사적 윤리적 고찰을 마치면서 우리는 일반적으로는 종교에 대해 특정하게는 기독교에 대해 공격하는 무정부주의자들의 형이상학적 배경을 알아볼 필요가 있다. 사실 여기에는 네 가지 결정적인 이의제기가 있다. 그리고 우선 알아보아야 할 것은 "하나님도 없고 주님도 없다"는 슬로건이다. 정치적, 경제적 그리고 지적으로 어떠한 **주님**도 원하지 않는 무정부주의자들은 종교적인 주님으로서의 하나님, 세상의 모든 主라 불리는 권력들이 섬기는 그 하나님을 더는 원하지 않는다. 단순히… 사람은 하나님에 의해 만들어졌다고 하는 생각 속에… 모든 문제가 있다! 그런데 그 오랜 세월 동안 신학은 하나님은 절대적 주님이시고 모든 주의 주시며 아무것도 아닌 인간 앞에서 전능하신 분이라는 등등을 주장해 왔음이 사실이다. 그리고 무정부주의자들이 세상의 주들과 하나님을 동시에 거부하고자 했다면 그것은 정당하다. 이러한 비판과 함께 그들은 20세기 기독교인들이 여전히 사용하는 그 호칭들의 시대착오적인 성격을 계속 주장할 수 있었다. 사람들은 여전히 하나님을 창조의 왕이며 예수는 주라고 말한다! 그러나 더는 왕도 없으며 주도 없다!

그런데 나는 하나님에 대한 이러한 관점에 이의를 제기하고자 한다. 그것은 다수의 생각이며 하나님에 대한 **종교적인** 이미지이고 결국 하나님이 왕이자 주시라는 성서 텍스트의 언급 역시 수없이 많이 등장한다는 것은 주지의 사실이다. 그렇지만, 나는 성서가 우리에게 완전히 다른 이미지의 하나님에 대해서 말한다고 감히 주장하고자 한다. 그리고 우리는 단지 여기서 이 다른 이미지를 살펴보고 다음 질문들에 대해 다시 답할 것이다. 성서의 하나님이 전능하실지라도 그는 그와 동시에 인간과의 관계에서 그의 전능함을 사실상 감추시는 하나님이다.(아주 예외적으로 모두가 아는 매우 '비정상적인' 경우를 제외하고는 그렇다. 바벨탑, 대홍수, 소돔과 고모라) 그는 스스로 자기를 제한하시는 능력이시며 그것은 자의 또는 변덕에 의한 것이 아니라 그 자신의 본성을 거슬러 행동하실 수 없기 때문이다. 왜냐하면, 그분은 지배하고 조정하는 능력을 넘어 사랑이신 하나님이기 때문이다. 이것은 우리를 가르치시는 예수의 모습일 뿐 아니라 주의 깊게 읽어본다면 히브리 성서에 나타난 모습이기도 하다. 이 사랑의 하나님이 세상을 창조한 목적은 그저 즐기기 위해서가 아니라 당신과 다른 사랑할 대상이 필요하셨기 때문이다! 그는 힘을 무섭게 폭발시킴으로서가 아닌 단지 말씀 하나만으로 창조하신다. "하나님께서 말씀하시니…." 그는 권능을 휘두르지 아니하시고 단순히 말씀으로 그 자신을 표현하시며, 이는 그가 처음부터 "소통하시는 하나님"임을 뜻하는 것이다. 이는 폭력적인 힘으로 투쟁하는 신들(올림포스 산의 신들을 포함하여)을 담은 종교적인 우주관과는 다른 것이다.

그런데 성서의 하나님이 인간을 만드실 때 – 두 번째 이야기에 따르면 – 인간의 성격을 형성한 것 역시 말씀이었다. 그리고 인간에게 부여된 첫 역할은 하나님의 사랑에 응답하는 것이었다. 다시 말해서 인간은 사랑하기 위해 만들어진 것이었다. (하나님의 형상대로 말이다.) 이 다른 이미지를 가진 하나님에 대한 완전한 묘사는 광야의 엘리야 이야기에서 나타난다. 엘리야가 고독 속에서 비탄에 잠긴 지 사십일만에 무서운 불, 바람, 지진이 일어났고 성서 본문에 따르면 그때마다 하나님은 불 속에도, 바람 속에도 지진 속에도 계시지 않았다. 마침내 한 세미한 소리(슈라키Chouraqui, 37)는 "벽력같은 고요"라고 번역했다)가 있었으며, 엘리야는 무릎을 꿇고 겉옷으로 얼굴을 가렸는데 이는 하나님께서 그 소리 가운데 계셨기 때문이다. 그리고 얼마나 많은 예언서의 텍스트에서 하나님께서 그 비탄에 빠진 백성에게 위협하기보다는 오히려 속삭이시며 말씀하셨는지 우리는 확인하게 된다.(내 백성이여, 너를 나에게 돌아서게 하려고 내가 무엇을 하였더냐?)

또한 이 하나님이 권능 가운데 자신을 나타내셨을 때조차도 한 위대한 신학자가 말한바 "하나님의 인간적인 모습"은 숨겨지지 않았던 것이다. 예를 들어, 시내산 이야기는 다음과 같다. 그 산은 천둥, 번개 등등으로 뒤덮여 있고, 백성은 두려움에 떤다. 그럼에도 불구하고 모세가 산 위에 오르자 출애굽 기사는 다음과 같이 말한다. "사람이 자기의 친구와 이야기함 같이 모세는 하나님과 대면하여 말했다." 하나님의 권능이 무엇이건 첫 번째로 지나가는 그것은 전능하신 주 하나님의 모습이 아니다. 하나님의 모습은 인간의 수준으로 낮아지신 "자기를 제한하시는" 모습이다. 절

---

37) [역주] Nathan André Chouraqui, 1917- , 북아프리카 알제리 태생의 유대계 학자로 랍비 집안에서 성장하였으며 프랑스로 건너와 랍비 수업과 법학을 전공하였고 전쟁 중에는 레지스탕스로 활동하기도 하였다. 알제리로 돌아가 변호사, 판사, 법학자이자 교수로 활동하였고 유니세프 부총장을 역임하기도 했다. 기독교, 유대교, 이슬람교의 경전을 차례로 프랑스어로 번역하였으며 프랑스어 성서 번역의 뛰어남을 인정받아 아카데미 프랑세즈로부터 메다이 도르 Médaille d'Or (금메달)를 받았다.

대왕정에 영향받은 신학자들은(16-17세기 로마가톨릭 신학자들) 하나님을 모방하여 왕들의 전능함에 대해 주장했지만 정확하게 그들은 틀렸다. 그럼에도, 전능한 국가 앞에서 (또 그에 맞서) 하나님은 그보다 훨씬 더 전능하시며 모든 왕의 왕이시라는 사실을 상기시키는 것은 때때로 유용하다. (모세가 파라오 앞에서 그랬던 것처럼.) "네가 하나님인지는 너를 죽이러 오는 자객 앞에서 알게 될 것이다!" 각설하고, 성서의 하나님의 참된 얼굴은 사랑이다. 무정부주의자들은 "사랑도 없고 주도 없다!"라는 식의 말에까지 동의하지는 않을 것이다.

*　*　*

기독교에 반대하는 무정부주의자들의 하나님 개념에 대한 두 번째 비판은 아주 유명한 두 딜레마 중 하나다. 하나님이 전지전능하시며 "섭리"의 하나님이라면 인간의 자유는 어디 있는가 하는 것이다. 여기서 우리는 그리스철학과 고전신학자들로부터 비롯된 하나님의 이미지가 대단히 광범위하게 퍼져 있음을 알게 된다. 우리는 사람들이 그리스 사상으로부터 '속성'의 총합을 기독교의 하나님에게 '부여했음'을 알고 있다. 무소부재한, 전지전능한, 무감정한, 불변의, 영원한 등등. 나는 성서의 직접적인 언급에 대해서 이의를 제기하는 것이 아니라 (예를 들어 영원함이 의미하는 바 영원하신 하나님) 성서의 이해로부터가 아니라 인간의 논리에서 비롯된 하나님을 대표하는 이미지에 이의를 제기하는 것이다. 왜냐하면, 그것은 어떤 결정적인 단언을 빠짐없이 진술하는 것이기 때문이다. 우리는 하나님을 인지할 수 없으며 그가 누구인지 상상할 수도 분석할 수도 없다.

진지했던 신학자들만이 부정否定의 신학이라 불리는 것을 실천했는데 이는 "우리는 하나님을 인지할 수 없으며 우리는 단지 그가 무엇이 아니신지 말할 수 있을 뿐이다. 그렇게 돈은 신도 나무도 또는 샘도 태양도 아니다." 우리는 긍정의 어떤 것도 단언할 수 없다. (전술한 바와 같이 "하나님은 사랑이다"라는 정의는 성서에서 등장하는 유일한 긍정의 선언이나 사랑은 어떤 주어진 '존재'가 아니다.) 그리고 모세에게 말씀하신 하나님의 자기정의自己定意, 출3. 14에 따르면, "나는 스스로 존재하는 자다." 하지만, 히브리 단어들의 다중함의를 생각한다면 그 말씀은 다양하게 번역될 수 있다. "나는 **존재하는 나**라고 말할 수 있는 자다" 또는 "나는 존재하는 나이리라", "나는 존재할 나다", "나는 존재할 나이리라" 등등. 그러므로 어떻게 되었든 명확히 정해진 것은 아무것도 없다. 그리고 칼 바르트가 말한 바, "하나님은 사람에게 자신을 계시하실 때, **인지할 수 없는 자**로 계시하신다." 그러므로 인간이 하나님에게 부여한 모든 속성은 상상 혹은 인간 이성의 산물이다. 그리고 사신死神신학자들이 "신을 죽였을" 뿐 아니라 우리가 스스로 만들어 온 그 이미지를 파괴한 것은 커다란 공로였다고 나는 말하지 않을 수 없다. 또한, 의심할 여지없이 19세기 위대한 무정부주의자들과 니체의 공격은 그들 시대 이러한 이미지에 대한 것이었다. 오늘날의 신학자라면 다음과 같이 말할 수 있을 것이다. "현상들을 이해하기 위해 더는 신개념이 필요하지 않다고 과학은 우리에게 가르친다." 또한 기독교 철학자였던 리쾨르는 "임시변통의 신"이해할 수 없는 건 죄다 신의 뜻이라 말한다는 뜻을 끊임없이 고발하였다. 그것이 설명하기 편한 임시변통이든 세상의 기원 등에 대한 이해하기 편리한 가정이든 사실상 하나님에 대한 오류들은 계속 이어져 왔다. 우리는 여기서 본질적으로 성서적이며 아주 단순한 하나의 진실, 즉 '하나님'은 **아무 쓸데없다**는 명제에 도달하게 된다![38]

그렇다면, 이 '하나님'을 계속 보존하여야 하는가? 음, 그러나 사람들은 왜 그 편리하고 "쓸데가 있는" 것을 계속 보존하려 하지 않을까? 그것은 가장 나쁜 형태의 공리주의 및 근대성의 정신이다! 그러므로 그것은 하나님을 이용해 온 아주 무거운 죄질의 오류였던 것이다. 그렇다면, 하나님이 이 모든 것이 아니라면, 우리가 당연히 받아들이는 그 개념-"섭리의 하나님"-에 문제를 제기하여야 한다! 오직 어떤 힘에 의한 이 기이한 창조 – 기독교적이라 할 수 없다-는 모든 것을 보고 모든 것을 명하고 모든 것을 기능하게 한다. 성서에 이러한 섭리의 하나님은 없으며, 그러한 축복, 그러한 저주, 그러한 부유, 그러한 행복을 모두에게 분배하는 그러한 하나님은 없다! 어떤 프로그램에 따라 기능 하는 거대한 컴퓨터가 그렇게 할 수 있을까? 그건 성서적인 개념이 아니다. 세상에는 그 자신이 시작하신 발걸음에 인간을 동행시키시고 인간과 함께하시는 하나님이 계시다. 그 하나님은 때때로 개입하실 수 있지만, 결코 어떤 법률에 따라서나 독재적인 자의에 의하지 않는다! 섭리의 하나님은 존재하지 않으며 우리는 그 이상을 바라보아야 하는 이유를 가진다. 그러나 그렇게 믿는다면, 하나님의 선물로서 어떤 행복이, 하나님의 경고 또는 처벌로서의 어떤 불행이 있을지 생각할 수 있다. 하지만, 본질적인 것은 하나님에 대한 객관적인 지식이 존재하지 않는 것과 마찬가지로 나 또한 그것이 축복인지 처벌인지 객관적으로 선포할 수 없다는 것이다! (다른 이들 역시 마찬가지다!) 그것은 신앙의 문제다. 그러므로 주관적일 수밖에 없다. 신앙 안에서 어떤 이에게

---

[38] 물론 독자는 천지창조라는 것을 들어 즉시 반박할 것이다! 그것은 정확히 말하자면 세상의 기원을 '설명하기' 위함이 아니었던가? 하지만, 아니다! 그 텍스트의 의미는 전혀 다른 것이다. 랍비들은 그 '기원'에 대해 아무런 관심이 없었다.

하는 말처럼 나 역시 단어들의 의미 이상을 들을 수 있으며 하나님의 말씀을 그 안에서 발견한다!

　이 모든 것은 착각일까? 이러한 생각을 단지 착각이라고 말할 수 있을까? 천년기의 경험은 그 반대를 입증한다. 우리는 그리스도인들이 만들어 온 거짓된 하나님의 이미지들을 쫓아내기를 계속하자. 섭리의 하나님은 대중을 위해 세워진 개념이었다. 지성인에게 있어 하나님은 (인과론적 사고에 의하면) "모든 원인들의 원인"일 것이다. 물론 형이상학적 관점에서 볼 때 그렇다는 것이지만 성서적인 관점에서는 절대 그렇지 않다! 본질적 이유를 하나 대자면, 모든 원인들의 원인으로서의 하나님은 본질적으로 기계적인 한 시스템에 속하였지만, 성서가 말하는 하나님은 변하시고 흐르시고 자의적인 것처럼 보이는 결정들을 내리시는 분이다 ; 그는 자유로운 하나님이시며 키에르케고르가 말한 것처럼, "그는 무엇보다도 제한받지 않으시는 분"이다. 그러므로 그는 굳이 모든 원인들의 피라미드 꼭대기에 계실 필요가 없다! 하지만, 우리는 더욱 근본적인 설명에 도달한다. 창세기는 6일간의 창조를 묘사한다. (물론 24시간의 하루를 의미하는 것은 아니다!) 그는 6일째 되는 날, 그의 창조를 끝마친다. "이 모든 것이 보시기에 좋았더라." 그리고 7일째 되는 날, 그는 쉬셨다. 그러나 모든 인간 역사는 어디에 있는가? 가능한 대답은 하나. 이 일곱 번째 '날'에 위치한다는 것이다. 다른 말로 하자면, 하나님은 그의 휴식으로 들어가시고, 사람은 그의 역사를 시작한다는 것이다. 그는 창조의 어떤 한 자리를 차지한다. 그는 조직하고 기능하는 그 자신의 법칙들을 가진다. 인간은 그 자신의 역할을 가지고 있다. 그는 그 자신의 책임을 가지고 있다. 그리고 그가 하나님께 '불순종' 하리라는 사실은 (다시 말해 그에게서 분리되리라는 것은) 이 상황에 아무 영향도 끼치지 못한다. 하나님은 모든 것을 새로 다시 시작하시지 않는다. 그는 행동의 방향을 바꾸시기 위해 그의 휴식에서 나오시지 않는다…. 세상의 구성은 그대로 남는다. 하나님은 그의 휴식에 머무르신다. 인간은 그 자신의 방향성을 정립하고 위험을 감수한다.

그러나 전술한 것을 잊어서는 안 된다. 하나님은 그 피조물을 사랑하시기를 계속하시며 또한 그로부터 사랑받기를 기다리신다. 그는 말씀이시며, 당신의 피조물과 대화하기를 원하신다. 때때로 그것을 위해 하나님은 그의 휴식에서 나오신다. 성서 본문들은 분명하게 말한다. "하나님께서 그의 휴식에서 나오셨다…." 그리고 결국 성서에서, 히브리서에서 그리고 요한계시록에서 위대한 약속 및 기쁨은 바로 이 휴식을 되찾는 것이다! 하나님은 그의 휴식을 되찾으실 것이며 인간은 (죽음을 뜻하는 "휴식"과는 아무 관계없는) 하나님의 휴식 세계로 들어갈 것이다. 때때로 하나님은 그 자신의 휴식에서 나오신다…. 상황이 인간에게 절망적일 때 하나님께서는 구원의 계획을 시도하시지만, 항상 성공적인 것은 아니다. 왜냐하면, 인간이 거기 참여하여야 하는 그것이 실패하기 때문이다! 여기에는 수많은 예가 있다. 이 경우에 역시 하나님은 그의 휴식에서 나오시는데, 그것은 인간이 서로에게 향한 악이 하나님의 인내의 한계를 넘어서게 되고 결국 그가 개입하시게끔 하기 때문이며, (하지만, 전술한 것처럼 깜짝 놀랄만한 기적에 의해서가 아니다!) 이것을 통해 하나님은 악한 자들이 처벌받을 수 있는 일시적인 질서를 구축하신다. (그러나 이 역시 비밀스럽게 하나님으로부터 힘을 받은 사람에 의해서 그렇게 하신다.) 하나님에 대한 전통적인 이미지에 익숙해 있는 사람이 더 이해하기 어려운 것은 인간의 역사와 하나님의 '역사'가 뒤섞여 있는 것이다. 그리고 우리는 다음의 중심 되는 생

각에 도달하게 된다. 성서의 하나님은 무엇보다도 우주적인 사령관이 아닌 해방자시다.39)

사람들이 일반적으로 모르는 것은 창세기가 성서의 첫 번째 책이 아니라는 사실이다! 보다 이전에 유대인들에 의해 첫 번째 책으로, 기초가 되는 책으로 여겨졌던 책은 출애굽기였고, 다시 말해, 유대인들은 그들의 하나님을 우주의 창조자이기 이전에 그들의 **해방자**자유롭게 하는 자-역주로 인식하였던 것이다. 또한, 다음의 텍스트는 의미심장하다. "나는 너희를 노예로 삼은 이집트 땅에서 너희를 해방했다." 그런데 이집트는 미츠라임"이집트"의 히브리어-역주이라고 불렸고 그 뜻은 정확하게 다음과 같다. "이중의 곤란." 그리고 랍비들은 다음과 같이 이 단어를 해석했다. "삶의 곤란과 죽음의 곤란." 성서의 하나님은 무엇보다도 모든 노예생활로부터 그리고 삶과 죽음의 곤란으로부터 인간을 해방하는 하나님이다. 그리고 사실 그가 '개입' 하실 때마다 그것은 인간에게 자유의 마당을 만들어주시기 위함이었다. 때때로 그것은 비싼 값을 치러야 했다. 그리고 그것은 항상 하나님이 사명을 맡기신 어떤 사람을 통해 이루어지는 일이다. (매우 자주 이 어떤 사람은 고난을 겪고 거절당하는 등을 경험하는데 이러한 하나님의 교육과정에 대한 이야기는 아주 많다. 알퐁스 마이요Alphonse Maillot, 40)는 이 성서의 하나님이 어떤 점에서 그렇게 유머가 출중하신 분인지 잘 보여준다!)

그러나 왜 자유해방-역주인가? 우리가 하나님은 사랑이라고 받아들인다

---

39) 참고:나의 책 :*Ethique de la Liberté*, 전 3권.
40) [역주] Alphonse Maillot (1920~2003) 는 프랑스 개혁교회의 목회자로 여러 저서를 남겼는데 대표작으로는 『그들과 다른 이들의 이야기』가 있다. 그는 또한 성서학자로 시편, 욥기, 전도서의 주석을 남겼다.

면 그리고 인간은 이 사랑의 응답자라고 한다면 설명은 간단하다! 사랑은 의무도 아니고 강요할 수도 명령할 수도 없다…. 사랑은 당연히 자유로운 것이다. 그리고 하나님이 자유롭게 하신다면 그것은 그가 기다리시며, 인간이 그에게 응답하고 그를 사랑하기를 희망하시기 때문이다! 당연히 하나님은 인간으로 하여금 당신을 사랑하도록 위협하시지 않는다! 여기에는 두 개의 반론이 뒤따른다. 하나님은 유다 백성에게 십계명을 비롯한 수백 조의 계명을 내리신 분이라는 것인데 그런데도 그가 사람에게 강요하지 않는 하나님인가 하는 것이다. 거기에 대하여 내가 할 수 있는 말은 바로 인간이 법 조항에 상응하는 이 '계명들'을 만들어내었다는 것이다! 그리고 바로 그 인간들이 이 의무와 강요들을 이끌어냈다는 것이다!

　우리는 그것들을 달리 이해하여야 한다. 무엇보다도 이 계명들은 하나님이 삶과 죽음 사이에 경계 지우신 한계다. "네가 살인하지 않는다면 살인 당하지 않을 가장 큰 기회를 얻은 것이다. 그러나 네가 살인한다면 네가 그것으로 말미암아 죽으리라는 것은 거의 확실하다."(그리고 사적인 살인이든 전쟁이든 다를 것은 없다!) 칼로 살인하는 자는 칼로 죽을 것이다. 이는 그 모든 계명으로 보아 참이다. "네가 그 안에 머문다면 더는 보호받는다. 네가 그것을 어긴다면 위험과 죽음의 세상으로 들어간다." "보라, 내가 네 앞에 선과 생명, 악과 죽음을 놓는다. 너는 살려면 선을 택하라. (나는 너를 권고하여 선을 선택하도록 돕기까지 하는 하나님이다.)" 이 계명들로부터 취할 수 있는 두 번째 면면은 그것이 명령이면서도 또한 약속이라는 것이다. "너는 살인하지 마라"는 계명은 다음의 뜻을 내포한다. 살인하면 안 되며 거기에 더하여 "네가 살인함이 불가능해질 것을 내가 너에게 약속한다."

그리고 하나님이 인간을 위해 마련하신 이 해방의 행동은 기독교 신앙에서는 예수 그리스도 안에서의 그의 성취다. 이 자유에 대해 가장 힘 있게 주장한 사람은 바울이며, 이 주제에 대해 고린도전후서는 다음과 같이 자유에 대해 말했다. "너희가 해방된 것은 자유를 얻기 위함이다…." "너희는 자유를 얻었으니 다시는 어떤 것에도 노예가 되지 마라." "**모든** 것이 허용되었으나 모든 것이 유용한 것은 아니다." 결국, 야고보는 '하나님의 법'을 자유의 법이라고 부른다! 음식 및 생활방식 등등에 관련된 '규정'들을 거절한 바울의 놀라운 이야기–바울은 지혜롭게 보이는 이 규정들이 하나님의 명령들이 아니며 단순히 인간의 계율일 뿐이라고 말한다!–를 비롯하여 우리가 성서의 수많은 본문을 읽을 때 교회들이 얼마나 자주 인간을 어린아이 취급하며 도덕률에 종속시키기 위해 그것들을 정확하게 반대로 해석해왔는지 이해할 수 없을 지경이다.

그러므로 인간은 해방되었고 그 자신에 대해 책임을 져야 하며, 또한 그럼에도, 하나님은 행동하신다! 그것이 개입이든 명령이든 어떤 방식으로든 말이다. 이것은 다음과 같이 이해된다. 이 논점에 대한 첫 번째 의견은 그것이 항상 **한** 인간에게 전달된 계명들에 관계된다는 것이다. 그것은 하나님께서 어떤 특정한 일을 하시기 위함이다. 그것은 일반적인 어떤 법에 관계된 것이 아니며 우리는 그러한 일반화의 권리가 없다. 무엇보다 그것은 어떤 가르침을 위한 것이다. 예를 들어, 예수께서 젊은 부자에게 말씀하셨을 때 다음과 같았다. "가서 네 가진 것을 모두 팔아 가난한 자들에게 주라. 그리고 나를 따르라." 모든 '그리스도인들'이 가진 것을 팔아야 한다는 일반화된 결정을 내려선 안 된다. **그러나** 그것은 부에 대한 경계로 우리에게 주어진 말씀이다. 또한, 개개 그리스도인들은 그 자신에게 주어진 말씀으로 이 말씀을 새롭게 받아들여야 한다. 이 질문에서 가장 중요한 것은 우리가 인간과 하나님 사이의 변증법적인 관계 속에 있다는 것이다. 인간은 그 자신의 방식대로 행동할 자유와 책임을 가지며, 하나님 또한 그 상황 속에서 행동하신다. 이 두 행동은 서로 결합할 수도 있고 부딪힐 수도 있다. 이 모든 경우에 인간은 완전히 수동적일 수는 없고 하나님 역시 모든 것을 혼자 하시지는 않는다. 그는 권고하시고 명하시지만, 인간이 그에 반하여 행동하는 것을 막지 않으신다. 그리고 경우에 따라 (이러한 상황은 매우 놀랍다!) 하나님은 사람이 당신이 원하시지 않았던 어떤 것을 했을 때 그것을 승인하실 수도 있다. (다음 욥기의 놀라운 구절을 보라. "하나님께서 잘못 하실지라도 나에게 그 이유를 알려주시면 좋겠노라.") 이는 다시 말해서 성서의 하나님이 대화할 수 없고 어떤 프로그램에 따라서만 기능하는 어떤 기계나 거대한 컴퓨터가 아니며 인간 역시 만드신 분의 결정에 따라 움직이는 단순한 로봇이 아니라는 뜻이다.

*　　*　　*

그리고 하나님에 대한 무정부주의자들의 최근의 (내 생각에는) 커다란 이의제기가 우리에게 놓여 있다. 그것은 아주 유명한 딜레마다. 하나님이 전능하신데 세상의 모든 악에 대해 아무 일도 하지 않으니 그는 전능하시지 않은 것 같다. (물론 일어나는 모든 일이 하나님께서 '하시는' 일이 아닐지라도!) 또는 하나님이 선할지라도 전능하지는 않은 것은 악이 일어나는 것을 막지 못해서라는 것이다. 내 생각에는 지금까지 우리가 한 이야기가 대답을 쉽게 해 주리라 본다. 우선 분명히 밝혀 둘 것은 악은 어떤 초월적인 존재인 사탄, 마귀 등등의 산물이 아니라는 것이다. 이 모든 것은 실재하는 것이 아니라 히브리 및 헬라 문화권의 대표적인 신화이며 인물에 대한 고유명사가 아니라 **보통명사**다! 유명한 마귀인 메피스토 등이 이에 해당하는데 이들은 전설일 뿐 성서에 따른 어떤 것이 아니다.

디아볼로스diabolos는 "분열시키는 자"라는 뜻이다. 그러므로 인간의 분열을 책동하는 모든 것이 '마귀'다. (이것의 반대는 사랑이다!) 사탄은 참소하는 자이므로 인간이 서로 참소하는 것을 책동하는 모든 것이 바로 사탄을 비롯한 그와 비슷한 존재들이다. 인간이 타인에 대해 또한 자신에 대해 악을 행한다는 의미에서 악은 인간에게서 비롯하며, 인간은 이웃에게 또한 자연 등등에 악을 행한다. 선한 신과 악한 신이 따로 있는 것이 아니다. 그것은 어떤 인격적인 존재가 아니라 행동의 힘이다. (악마는 잘못된 지성인의 질문들 및 세상을 허무로 이끄는 큰 뱀인 권력 같은 것을 대표한다.) 성서에 의하면 그것은 오직 인간으로부터 비롯한다. 우리가 알다시피 인간이 하나님을 사랑하는 삶으로 부름 받았다면 하나님은 끊임없이 개입하여 그를 해방하시고, 해방된 자유로운 인간은 그가 결정한 것을 행할 수 있다. 인간은 악을 행할 수도 있고 하나님이 원하시는 것과 반대로 행동할 수도 있다. 하나님이 선을 바라시지만, 그것을 행하지 않는 인간을 내버려두시는 것은 전능하신 하나님이 자동으로 인간이 '선을 행하게' 만드신다면 인생은 아무 의미도 없는 것이 되기 때문이다. 인간은 하나님 손안에 있는 로봇이나 하나님이 가지고 노시는 장난감이 되고 말 것이다. (하지만, 왜?) 그렇다면 인간은 아무것에도 책임을 질 필요가 없으므로 그가 선을 행하든 악을 행하든 중요하지 않게 된다! 의심의 여지없이 '일들'은 완전무결하게 기능할 것이며 전쟁도 살인도 독재도 기타 등등도 이러한 컴퓨터들인간들-역주 사이에서는 일어나지 않을 것이다!

  그러나 자연재해는? 대홍수들은? 불가지不可知의 인간에게 이러한 일들은 받아들이기 어렵다는 것은 자명한 사실이다. 여기 성서의 설명이 있다. 모든 피조세계가 전체로서 만들어진 이상, 그 모든 구성요소가 긴밀하게 연결된 한, (오늘날 첨단의 물리학자들일수록 이러한 사실을 인정한다!) 이 피조세계 안에서 인간이 피조물들의 '왕좌'에 있으면서 피조세계에 대한 책임을 지는 한, (전술한대로 인간이 하나님을 "피조세계의 사랑이라고까지 높이는" 한) 인간이 하나님으로부터 자신을 분리하는 순간부터 모든 피조세계는 인간과 함께 하나님으로부터 분리된다. 이 피조세계의 주요한 부분이 자율적으로 자신의 의지에 따라 행하기로 했기에 아무것도 있는 그대로 남아있는 것이 없다. 모든 것이 충분히 나빠진 것이다. 그때로부터 피조세계는 우주와 물질을 구성하는 법칙에 따르게 되고, 그 몸을 유지 보존하면서 무無로 돌아가지는 않지만, 인생처럼 애로와 사고를 피할 수 없게 된다. 그리고 인간이 존재 자체이신 분에게서 분리되었으므로 피조세계는 다른 존재가 될 수 없다.

  다른 한편으로, 최근의 견해는 홍수 같은 재해들은 인간을 위한 것 또는 인간과 관계된 것이 아니라는 것이다! 눈사태, 지진, 홍수 등등은 그 자체로는 불행도 아니고 자연에 특정한 피해를 주는 것도 아니다! 다른 관점에서 보자면, 이것들은 우리가 발견한 물리학과 화학의 '법칙들'에 따라 설명되는 것들이다. 인간이 거기에 있고 자연의 변화 그 결과를 겪는다면 그것이 끔찍하다 하겠지만, 그것은 인간에 관계될 때에만 대홍수니 하는 이름으로 불릴 뿐이다. 그러나 사실상 하나님은 항상 개입하시는 분은 아님을 우리는 이미 말했다. 하나님은 하나님에게서 스스로 떨어져 나간 인간이 거기 있다고 해서 자연의 법칙을 맘대로 변경하시지는 않으신다! 그가 변경하시는 것은 매우 예외적인 경우이며 인간들은 그것을 '기적'이라고 부르지만, 기적의 **물질적인** 현상은 성서의 관점에서 보면 그다지 중요한 것이 아니고 다만 인간이 거기 있다는 **의미**에서 그렇다는 것이다. 특히 그것이 하나님과의 관계가 회복됨, 하나님께서 그를 보호하심과 치료하심 등등을 선포하신다는 표시라는 의미일 때 그러하다.

하지만, **어쨌거나** 기적은 경이가 아니라 지극히 드물고 예외적인 사건일 뿐이다. 그러므로 나는 어린 예수의 기적들 (예수께서 흙을 빚어 새를 만드시고 숨을 불어 넣으시니 날아갔다는 것), 후에 전승된 예수의 기적 이야기들, 그리고 그가 군중을 "놀라게" 하셨다는 이야기들 (예수께서는 사람들을 놀라게 하려거나 자신이 하나님의 아들임을 **알리려고** 기적을 행하신 적이 결코 없으며 오히려 그것을 분명하게 거절하셨다.) 또한 성서가 하나님의 행하심으로 우리에게 가르치는 것과는 전혀 상관없는 (처녀 또는 천사 등등의) 유명한 발현 이야기들을 완전히 거절한다.

지금까지 말한 것들은-나는 독자를 설득하려는 것이 아니다- 무신론자 또는 불가지론자를 자처하는 사람들에게 거짓되었거나 신화적인 근거가 아닌 이성을 통한 방식으로 문제를 제기하려 한 것일 뿐이다! 1947년부터 1979년에 이르기까지 매년 I.E.P.[41])에서 '마르크스와 마르크시즘'[42])에 대해 가르치던 때, 나는 학생들에게 다음과 같이 말하곤 했다. "나는 가능한 한 정직하게 말하고자 합니다. 나는 어떤 입장에 서서 여러분을 설득하려는 것은 아닙니다. 다만, 여러분이 마르크스주의자 또는 반마르크스주

---

41) [역주] 정치대학(Institut d'Etudes Politiques)은 일반적으로 시앙스 포(Sciences Po)라는 이름으로 불리는 정치학 중심의 그랑제콜로 전통적으로 프랑스의 정치, 외교 분야 엘리트들을 배출해 온 연구기관이다. 프랑스의 역대 대통령, 국무총리, 장관, 국회의원,

의자가 되려고 할 때 감정에 의해서, 모호한 이상에 의해서 또는 중용의 추구에 의해서가 아니라 정확한 지식에 의해서 그리고 분명한 근거에 의해서 결정하기를 바랍니다." 나는 오늘 여기서도 같은 말을 하고자 한다!

외교관 등 주요 관계 및 정계 인사들의 대부분은 이 학교 출신이며, 이 외에도 학계 및 재계는 물론 각종 국제기구에서도 이 학교 동문이 다수 활약하고 있다.

42) *La Pensée marxiste*라는 제목으로 출간됨, La Table Ronde, coll. "Contretemps", 2003 [N.d.E]

제2장

무정부주의의 근거로서의 성서

그러므로 성서를 '있는 그대로' 읽는다면 국가 또는 권력을 옹호하는 것과는 거리가 먼 무정부주의를 제대로 발견할 수 있다고 나는 믿는다. 그러나 이는 안-아르케an-arkhé, 즉 권력도 없고 주인도 없다는 의미에서의 무정부주의로서 흔히 가지는 오해인 '무질서'를 말함이 아니다. 무질서가 있을 때 즉시 사람들은 다음과 같이 말한다. "정말 무정부 상태로군." 그리고 이는 서구인들이 사회의 질서가 경찰, 군대, 선전도구 등을 가진 강한 중앙권력에 의해서만 세워질 수 있다고 믿기 때문이며, 이 권력에 대해 말할 때는 무질서라는 주제 역시 함께 도마 위에 오르기 때문이다! 그리고 루터는 농민들의 반란에 이은 무질서에 너무나 놀란 나머지 (이 농민들은 그리스도인의 자유에 대해 설교를 들은 뒤 행동했으며! 곧바로 그것을 표명하기를 원했고 그럴 수 있다고 믿었다!) 즉시 영주들에게 이 반란을 진압하도록 요청했다.

또한, 칼뱅은 폭정조차도 사회의 무질서보다는 낫다고 말했다! 내가 이 두 사람을 언급하는 이유는 (내가 프로테스탄트인 만큼) 나와 가까운 사람들이며 성서에 충실한 선생들이자 진실한 그리스도인이었던 그들조차도 왕이나 영주 등이 분명하게 필요하다는 생각에 가려 의식이 흐려졌음을 말하고자 함이다. 그들은 그러한 편견 없이 성서를 읽을 수가 없었다. 모든 체제 아래서 국가가 개인을 짓누르는 오늘날, 우리는 이러한 베헤못욥기에 등장하는 괴물-역주에 문제를 제기할 수 있으며 성서를 다르게 읽을 수 있다. 물론 성서에서도 우리는 '권위'를 정당화하는 텍스트들을 볼 수 있다. 그러나 내가 곧 이에 대해 언급하겠지만, 거기에는 무정부주의를 지칭하는 일반적인 사조가 있으며 권위를 뒷받침하는 본문들은 아주 예외적일 뿐이다.

1. 히브리 성서[43]

출애굽 이후 히브리 백성은 카리스마를 가진 한 명의 지도자에 의해 인도되었고 사십 년을 광야에서 유랑하는 동안 특정한 조직을 가진 적이 없었다. (출애굽 당시의 임시 조직을 제외하면) 팔레스타인에 정착하고 그곳을 정복하기 위해 백성은 여호수아를 군사지도자로 선출했지만 아주 잠깐이었다. 그 외는 '히브리 백성'이 하나의 단일한 정체성을 가진 그룹으로 형성되었던 적이 없다는 것은 확실하다. 그 후 백성은 혈족과 지파로 나뉘었다. (이미 모세에 의해 대략적인 윤곽은 그려져 있었을 것이다.) 각각 우두머리를 가졌으나 아직 구체적인 권력은 형성되지 않은 것처럼 보였던 열두 '지파'는 중요한 결정을 내려야 했을 때 하나님께서 백성에게 주시는 신탁을 얻고자 제사 의식 및 기도를 거쳤으며 이는 백성 전체가 함께 모여 마지막 한 마디의 결정까지 함께 내리는 모임이었다. 여호수아 이후 지파들은 정복을 계속하면서 자신들의 영역 경계를 형성했다. (왜냐하면, 대개 그들에게 약속되었던 땅들은… 아직 정복되기 전이었기 때문이다!) 그리고 지파들이 정착하자 충분히 흥미를 끄는 조직이 생겨난다. 지파 내에는 '영주' 같은 것은 없었고 사람들이 귀족이라 생각할 수 있었던 사람들은 소멸하였거나 정복되었던 것이다. 그러므로 이스라엘의 하나님은 이제부터 그분 홀로 이스라엘의 우두머리라고 선언하신다.

그러나 그 땅에 '하나님의 대리자' 같은 것은 없었기 때문에 '신정 정치'는 아니었다. 각각의 지파에서 파견된 백성의 모임에서 정치적인 결정

---

[43] 내가 줄곧 "구약성서"가 아니라 히브리 성서라고 말하는 이유는 그리스도인들이 유대인들에게서 그들의 책이기도 한 것을 떼어내어 자신들의 유산으로만 삼고 싶어 하기 때문이다.

들이 내려졌다. 하지만, 계속된 패전에 의해서건 기아에 의해서건 사회의 무질서에 의해서건 우상숭배와 이방 종교의 귀환에 의해서건 상황이 악화하였을 때는 - 사사기에 의하면 - 하나님은 어떤 특정한 권력이 없는 한 남자 또는 여자를 선택하시며 그들로 하여금 전쟁에 이기게 하시고 그 백성을 다시 하나님을 경외하도록 이끌어 들이시며 결과적으로 위기를 해결하신다. 그리고 '사사'44)들은 그 역할을 다하고 나서 자리에서 내려와 백성 중 하나가 된다. 그러므로 하나님이 가문 또는 부 등등의 배경이 전혀 없는 어떤 사람을 부르시는 이 시스템은 매우 유연한 것이다. 드보라, 기드온, 돌라, 야일, 삼손은 왕이라기보다는 예언자였다. 그들에게는 어떤 영원한 권력도 주지 않았다. 오직 하나님만이 최고 권력자로 여겨져야 했다. 또한, 사사기의 끝에는 매우 의미심장한 구절이 등장한다. "그때에 이스라엘에는 왕이 없었으므로 사람들이 각기 보기에 좋은 대로 행하였다."

그리고 아비멜렉의 이야기를 통해 우리는 이것을 확인한다.사사기 9장. 하나님의 어떠한 위임도 없는 상태에서 기드온의 한 아들은 이스라엘을 구한 가문의 일원이라는 이름으로 그 아버지의 권력을 물려받기로 했다. 그는 형제들을 모두 암살하고 세겜과 밀로에 주민들을 모아놓고 스스로 왕임을 선언했다! 그러자 요담이라는 한 예언자가 즉시 그에게 맞서 일어나 사람들에게 다음의 흥미로운 비유를 이야기했다. "나무들은 왕을 골라 그들 위에 앉히려고 모였다. 그들은 올리브 나무를 골랐다. 그러나 올리브 나무는 그의 기능, 그의 역할은 좋은 기름을 만드는 것이라며 거절했다. 그들은 다음으로 무화과나무를 골랐다. 하지만, 무화과나무는 같은 대답

---

44) '사사(재판관-역주)' 라는 단어는 오늘날의 뜻과 같지 않다 : 이스라엘에게 사사는 한편으로는 백성의 지도자였고 다른 한편으로는 백성에게 정의가 어디 있는지 또 무엇이 정의인지 말해주는 사람이었다.

을 했다. '내가 나무들 위에 군림하기 위해 나의 달콤하고 뛰어난 열매를 포기해야 하겠습니까?' 그는 거절했다. 그러나 나무들은 왕을 원했다. 그들은 포도나무를 골랐으나 대답은 그전의 두 나무의 대답과 같았다. 그래서 나무들은 가시나무에 부탁했고 그는 물론 그것을 받아들이며 선언했다. 앞으로 그에게 불순종하는 나무들은 그에 의해 '불살라질' 것이다!" 아비멜렉을 고발한 예언자 요담은 도망가야 했다. 아비멜렉은 3년을 다스렸다. 그리고 자유에 익숙해 있던 이스라엘 사람들은 그것으로 충분하다 여겨 반란을 일으켰으나 아비멜렉은 그것을 진압하고 그들을 학살했다…. 그러나 반란을 진압하고 나서 어떤 탑 위에 있던 한 여인이 맷돌 조각을 그에게 던지자 그는 두개골이 깨져 즉사했다. 그 후 사사 시스템은 회복되었다. 하지만, 진정한 왕의 권력의 역사(다시 말해 단일한 중앙 권력)는 사무엘의 유명한 이야기로부터 시작된다. 사무엘은 당시 '사사'였다. 그리고 이스라엘 백성은 모여서 사사 제도는 그것으로 충분하며 **다른 나라들처럼**[45] 왕을 원한다고 선언했다. 이는 그들이 전쟁을 치르려면 왕이 더 효율적이라고 믿었기 때문이다! 사무엘은 그것에 반대하였고 하나님께 기도하였다. 그런데 이스라엘의 하나님은 그에게 다음과 같이 "대답하셨다." "걱정하지 마라. 그들이 거절한 것은 사무엘 네가 아니라 바로 나 하나님이다. 내가 그들을 해방시킨 이후 줄곧 그들은 기회가 있을 때마다 나를 버리려고 했다! 그러므로 백성의 요구를 들어주되 어떤 일이 일어날지 그들에게 알려주어라!"[46]

---

[45] 이것은 중앙집권화된 국가 권력이 매력적임을 보여준다! 우리는 그와 마찬가지로 1950년 이래로 아프리카의 부족들이 프랑스처럼 국가를 이루려 했다는 것을 확인한 바 있다.
[46] 여기서 우리는 정확히 우리가 예언자라고 부르는 사람들이 어떤 일을 하는 사람들인지 이해할 필요가 있다: 예언자는 미래를 예견하는 사람이 아니라 사람들에게 그들이 선택받은 길로 가려 한다면 어떤 일이 있을 것인지 알려주는 사람이다.

그래서 사무엘은 이스라엘 백성의 모임으로 돌아와 선언하였다. "너희가 왕을 원한다면 왕을 가질 것이다! 그러나 너희는 왕이 무슨 일을 하는지 알아야 한다. 그는 너희 아들들을 잡아다가 군인이 되게 할 것이며 너희의 딸들을 잡아다가 하렘에 집어넣거나 가축을 치게 할 것이고 너희에게서 세금을 거둘 것이며 너희의 가장 좋은 토지를 가져갈 것이다…." 그러나 백성은 대답하였다. "어떠하든지 우리에게는 마찬가집니다. 우리는 절대적으로 왕을 원합니다!" 어쩔 수 없는 일이었다. 그렇게 하여 왕으로 선택된 사람이 나타났다. 우리가 알다시피 그는 사울이었고 후에 미쳐버렸으며 권력을 남용했고 팔레스타인 사람들과의 전쟁에서 싸우다 죽었다. 두 번째 왕 다윗은 커다란 명성을 남겼고 이스라엘의 위대한 왕이 되었으며 후세의 모범이 되었다. 나는 다른 곳에서 다윗은 모든 이스라엘의 왕 중 "예외"라고 밝힌 바 있다! 그러나 버나드 엘러는 나보다 더 냉정하게 말했다! 그는 나와 반대로 다윗이 무정부주의에 근거를 제공하는 좋은 예라고 생각했다. 우선 사무엘하 12:7-9의 본문에 따르면, 다윗 자신이 한 일은 아무것도 없고 오직 하나님께서 그를 통해 일하셨으며 그의 영광은 그의 "왕권"에서 비롯한 것이 아니라 오직 하나님의 축복에 의한 것이었다. 그리고 엘러는 다윗이 그의 치세 동안 이스라엘 왕들이 수 세기 동안 계승할 재앙을 촉발시키는 모든 것을 축적한 사람이라고 보았다. 이것은 매우 중요한 사실이다. (프랑스의 예를 들면 루이 14세는 18세기 정치적 오류들로 이어질 모든 것을 축적했고, 결국 대혁명의 원인을 제공했다….)

다른 한편으로, 성서 본문은 다윗의 모든 잘못에 대해서 말하는데 이는 매우 의미심장하다. 그것은 그가 원했던 한 여자의 남편과 그의 정적들을 암살한 것 그리고 그의 치세 내내 이어졌던 내전들 등으로 다윗은 그것들에 대해 결백하지도 않았고 영광스럽지도 않았다! 그의 아들 솔로몬은 치세를 순조롭게 시작한다. 그는 정의롭고 바른 사람이다. 그리고 그 후, 권력은 다른 왕들과 마찬가지로 그를 퇴색시켜 버린다! 그는 세금을 올려 백성을 쥐어짜며 궁전을 새로 짓느라 파산할 지경이 되고 7백 명의 궁녀와 3백 명의 후궁을 둔다! 그는 이스라엘의 하나님 외에 다른 신들을 섬기기 시작하고 곳곳에 성벽을 건축하며, 결국 모든 사람의 미움을 받으며 죽는다. 여러 아들 중 그가 지명한 한 아들이 왕위를 계승하자 유다 백성의 원로들은 그에게 말했다. "이제 백성에 대하여 관대한 정책을 펴사 노역과 세금을 가벼이 하십시오." 그러나 르호보암은 그 말을 듣지 않고 백성의 모임에서 이렇게 선언한다. "내 아버지가 너희의 멍에를 무겁게 하였으나 나는 너희의 멍에를 더 무겁게 할 것이다. 내 아버지가 채찍으로 다스렸다면 나는 전갈로 다스릴 것이다…." 그러자 당연히 백성은 반란을 일으켰고 "재정장관"을 돌로 쳐 죽였다. 백성은 다윗의 왕권을 거절했다. 그리고 지파들은 나뉘었다. 유다 지파만 르호보암을 따랐다. 나머지 모든 지파는 연합하여 솔로몬의 옛 신하였던 여로보암 아래로 들어갔다. 내 생각에 이 이야기를 여기서 다룰 가치가 있는 이유는, '위대한' 왕들에게조차 성서의 평가는 냉정하며, 정확히 그들이 당시 국가에 해당하는 군대, 재정, 행정, 중앙집권 등등을 대표하는 한, 그 평가는 더 냉정할 수밖에 없기 때문이다.

* * *

계속 이스라엘의 왕권에 대하여 이야기하자면 중요한 두 쟁점이 아직 남아 있다. 첫 번째 쟁점은 간략하게 요약하자면, 성서의 역사 이야기들 전체를 통해 볼 때 '선한 왕들'은 이스라엘의 원수들에게 항상 정복당하며, 전쟁에서 승리하고 영토를 확장시키는 등등을 한 '위대한 왕들'은 항상 '악하게' 표현된다고 말할 수 있다. '선하다'는 것은 한편으로 권력을 남용하지 않고 백성에게 정의롭다는 것이며 다른 한편으로는 이스라엘의 참 하나님을 섬긴다는 것이다. '악하다' 함은 우상을 섬기며 동시에 하나님을 거절하고 불의하며 사악하다는 뜻이다. 이 '두' 표현은 현대 역사가들이 반反군주주의자 및 빨치산 성향이 있는 저자에 의해 쓰였다고 할 만큼 조직적이다. (역대기에 이러한 특징이 분명하게 나타나 있지 않음은 사실이다.) 그러나 나를 아연실색하게 하는 것은 다음이다. 다스린 사람들은 왕들이지만, 이 본문들은 랍비와 백성의 '대표자들'에 의해 윤색되고 출판되고 인정되었던 것이다! 그럼에도, 검열 및 통제는 존재했음이 분명하다. 하지만, 이 저작들이 전승되는 것을 막지는 못했다. 게다가 이 저작들은 잘 보존되었을 뿐만 아니라 하나님의 영감을 받은 저작이자 국가 왕권의 반대자로 묘사된 이스라엘 하나님의 계시로 여겨졌다. 이 본문들은 거룩한 글로 선언되었고 영감을 받은 본문들과 함께 수집되었으며 (당시 '정경'이라는 개념은 등장하지 않았다) 회당에서 낭독되었고 (마치 아합 왕을 향한 반군주주의 선전문구가 그랬을 것처럼!) 백성 앞에서 하나님의 말씀으로 인용되었다. 이것이 주전 8-4세기 유대 백성의 '지배적인 생각'이었음은 내게 놀라움과 설득력을 제공한다.

그러나 이것이 다는 아니었으니 같은 본문 및 모든 예언자의 책은 정치적으로 낯선 현상을 보여준다. 예언자는 각각의 왕들 앞에 선다. 예언자는 대개 (다윗 왕 앞을 포함하여) 왕의 행동에 혹독한 비판을 가한다. 그는 하나님께로부터 왔으며 하나님의 말씀을 전한다고 선언한다. 그런데 이 말씀은 항상 왕의 정책에 대한 반대로 나타난다. 물론 대체로 예언자들은 쫓겨나고 도망가야 하며 감옥에 갇히기도 하고 죽음의 위협 등등을 받기도 하지만 예언을 막을 수는 없다. 그들의 심판은 진리에 의한 것으로 여겨졌다. 그리고 여기서 반권력적인 그들의 글들은 보존되고 하나님의 계시로 인정되며 백성에게 읽힌다. 어떤 예언자도 왕을 구하려는 사람들이거나 왕의 조언자가 아님은 물론 왕권에 '동화된' 사람도 아니다. 현대적인 용어를 사용해 말하자면 그들은 '반체제인사'다. 그리고 이 반체제인사는 민중을 대표하지 아니하고 하나님을 대표한다. 우상을 섬기는 왕일지라도 백성이 여전히 믿는 하나님의 대표자라는 사람을 쉽사리 제거할 수는 없었다! 예언자들은 끊임없이 고발한다. "왕은 잘못하고 계시며 그러한 정책을 편다면 우리에게 하나님의 심판이 닥쳐올 것입니다." 때때로 왕들은 하나님의 이름으로 말한다는, 예언자라는 다른 사람들을 부르기도 한다. 그래서 이 두 '예언자들' 사이에 갈등이 생기지만 이사야와 예레미야의 이야기들은 거짓 예언자들에 대하여 항상 '참' 예언자가 승리함을 보여준다. 그리고 여기서 우리는 전술한 것처럼 역시 낯선 사실을 알게 된다. '거짓' 예언자에게서 오는, 왕에게 호의적인 어떠한 예언도 "거룩한 책들" 가운데 수록되지 못하였지만, 예언자들이 이끈 이 투쟁은 온전히 보존되었고 여기서 역시 왕권에 의해 사라져야 마땅할 이 선언들 안에 하나님께서 말씀하심이 확인된다. 나는 이러한 사실들이 반反군주적, 반反국가적인 정서가 지속하여 왔음을 보여주는 놀라운 증거라고 생각한다.

아직 끝난 것이 아니다! 여기에 더하여 아직 두 가지 더 할 이야기가 있다. 4세기 무렵, 일반적으로 **전도서**라고 불리는 놀라운 책이 발견되었는데, 이 책은 지속적으로 정치권력에 대해 문제를 제기한다. 첫 번째 면면은 전도자의 이름이 위대한 왕이자 권력자요 가장 부유한 사람이었던 솔로몬으로 되어 있다는 것이며, 처음부터 솔로몬으로 하여금 정치권력이란 "허무와 바람을 좇는 것"이라고 말하게 한다는 점이다. 그는 왕권을 더 얻을 수 없는 데까지 얻었으며 궁전들을 건축하게 하였고 예술을 진흥시키는 등등을 했지만 허무할 뿐이었다. 그러나 이 책은 단지 정치권력에 대해 그러한 비판만 하는 것이 아니다. 내가 주목하는 것은 "사람들 간에 재판하기 위해 세워진 그곳에 항상 악이 있으며, 정의를 선포하라고 세워진 그곳에 항상 악이 있다!"전3:16 우리가 나중에 관료주의(위계질서의 딸!)라고 부르는 것 안에 이미 악이 포함되어 있다. "어떤 지방에서 억압받는 가난한 사람과 법 및 정의에 대한 유린이 있다 할지라도 놀라지 마라. 명령하는 사람은 또 다른 사람의 감시하에 있으며 그들 위에는 또 다른 사람들이 있다…" 그리고 이 본문은 아이러니한 말로 결론을 내린다. "백성에게 유익한 것은 국가로부터 존경을 받는 왕이다!" 그러나 한편으로 그는 지독할 정도로 모든 권력을 장악한다. "사람이 사람을 지배하나니 그것으로 사람은 불행해진다."전8:9 그리고 결국 다음의 아이러니로 돌아간다. "왕을 저주하지 말며 네가 잠드는 방에서도 부자를 저주하지 말라. 하늘의 새가 네 목소리를 옮길 것이며 날개를 가진 짐승이 네 말을 퍼뜨릴 것이다." 전10:20 그렇게 정치권력은 곳곳에 첩자를 풀어놓고 있으니 네가 살고 싶다면 네 방 안에서조차 그에 대해 나쁘게 말하지 마라!

끝으로, 마지막 할 말은 이 유대 왕조의 종말에 대한 것이다. 팔레스타인은 그리스에 정복되었고 셀류시드 왕조3세기에 멸망 아래로 들어갔다. 그리고 유대와 예루살렘을 해방하기 위한 마카비의 유대혁명이 시작된다.

이 마카비 가문의 오랜 피로 물든 해방 전쟁은 163년에 일어났다. 그러나 이때 몇몇 정파들이 권력 투쟁에 들어갔다. 그리고 "식민 독재"에서 빠져나온 유대인들은 극단적으로 부패하고 궁정암투로 점철된 하스몬 왕조의 유대 독재의 나락으로 떨어졌다. (왕 중 한 명은 어머니를 굶어 죽게 했으며, 어떤 왕은 형제들을 암살하기도 했다.) 경건한 유대인들은 이 하스몬 왕조에 적의를 가졌고 민중은 왕조를 혐오한 나머지 그들 이스라엘의 왕을 내몰려고 외국 왕을 부르고자 했을 정도였다! 이러한 추락은 끝이 아니었으니 정치권력 전반에 대해 주전 1세기에 생겨난 민중의 적대감이 이를 설명해 준다!

그럼에도, 이스라엘 왕조의 이러한 붕괴의 역사는 끝나지 않았다! 로마인들이 주전 65년 팔레스타인에 진출하기 시작하며 폼페이우스는 예루살렘을 포위하여 참혹한 학살과 함께 전쟁을 끝낸다. 그리고 폼페이우스가 로마로 개선할 때 하스몬 왕조의 마지막 왕 아리스토불로스는 전쟁포로 행렬에 모습을 드러냈다. 그러자 유대의 유력한 가문들 간의 가증스러운 왕위 계승 다툼이 시작된다. 이러한 세상에서 하나님의 법 및 견고한 신앙은 설 자리가 없었다!

결국, 카이사르의 한 피후견인의 아들이었던 헤롯이 로마인들에 의해 갈릴리의 행정관으로 지명을 받았다. 그는 강압적인 정책을 시행하였으며 지독한 강탈의 세상 질서를 확립하였다. 그는 주요한 산적들의 두목을 잡아 죽였다. (권력과 싸우던 게릴라가 순수하고 단순한 산적으로 전락했기 때문이었다.) 그의 반대자들은 (사람을 죽이고 살릴 수 있는 유일한 기구였던) 산헤드린의 권력을 침해하였다는 이유로 '정치적' 최고기구인 산헤드린에 그를 제소했다.(하지만, 사실상 산헤드린은 실제적인 권력을 상실해 아무 일도 할 수 없었다!) 그러나 로마의 권력을 등에 업은 헤롯은 이늘 소심했던 이 산헤드린 앞에서 확신과 거만함으로 군림했고 산헤드린은 그에게 감히 아무 선고도 내릴 수 없었다! 헤롯은 군대를 대동하고 예루살렘으로 돌아왔으나 그의 아버지는 새로운 전쟁을 시작하지 못하도록 그를 막았다. 그럼에도, 그의 권력은 계속 커지기만 했다! 그리고 결국 37년, 그는 사실상 전 팔레스타인의 왕이 되었으며 그것은 로마의 "동맹왕"이었다.

그의 곁에는 로마 총독이 있었다. 그러나 헤롯은 그의 권력 아래 있지 않았다. 헤롯은 로마의(나중에 황제가 될) "제1시민"아우구스투스-역주의 직속 부하였다. 그리하여 권력을 등에 업은 헤롯은 주목할 만한 정치적 사업들을 시작했다. 우선 그는 경찰 통제 하의 촘촘한 행정으로 전국을 재편했다. 그리고 그는 건축 정책을 시작했다. 아우구스투스를 기리는 마을들 및 화려한 아우구스투스 신전을 건축했고, (그는 동방 전체에 로마 황제 숭배를 전파시켰던 사람 중 하나였다!) 완전히 새로운 항구를 만들었으며 예루살렘 성벽을 개축하였고, 마지막으로 주전 20년 이스라엘의 하나님을 위하여 새 성전을 건축하였으며(사실상 이전 성전의 개축이었다!), 성전 뜰을 확장하였고(뜰을 지지하는 벽들을 높이 세웠는데 그 중 하나가 유명한 '통곡의 벽'이다), 금과 화려한 장식 등등으로 치장한 건물을 세웠다. 이러한 업적을 통해 그는 "대 헤롯"이라는 칭호를 얻었다. 하지만, 이 건축물들이 의미하는 것은, 백성의 고혈을 짜내어 걷은 세금, 노역 그리고 노예화였다. 그런데 이 국가가 150년간의 내전과 수없는 황폐화에서 갓 벗어났던 데다 기아에 자주 시달렸음을 잊어서는 안 된다. 정부는 어떤 수단을 썼는가. 바로 폭력과 테러였다. 그가 붙잡았던 단 하나의 현실은 바로 로마 및 로마 황제의 우정과 지원이었다. 그는 주후 4년에 죽었으며 그가 죽자 계승권을 놓고 또 한 번의 내전이 있었으므로 로마는 이 내전을 이유로 헤롯의 지배권을 몰수하기에 이르지만 결국 아들 중 하나인 헤롯 안티파스가 갈릴리와 옛 영토들의 지배권을 얻게 되었다. 그의 일생은 광기, 방탕 그리고 범죄로 점철되었다.

이렇게 역사를 되짚어가는 것은 다음을 이해하기 위해서다. 이 시기, 그러니까 로마 지배의 시기이자(유대 하스몬 독재 때보다 훨씬 부드러운 통치의 시기였다!) 헤롯 가문의 폭력의 시대에 이스라엘 민중의 반응은 어떠하였을까? 신기한 것은 (다니엘 예언자의 책을 제외하고) 민중 또는 랍비들이 하나님의 영감으로 쓰였다고 믿던 책들이 더는 이 시기에 발견되지 않는다는 것이다. 세례 요한의 때가 오기 전까지 더 이상의 예언자는 없다. 우리가 발견하는 것은 두 반응이다. 하나는 폭력으로, 이 지저분한 권력을 끌어내리고 로마 지배를 축출하여야 한다는 반응이다. 그때부터 국가는 지도자라는 사람들 간에 벌어진 쟁투의 먹잇감이 되었을 뿐만 아니라 왕조와 로마에 대항하여 싸우며 요인들에 대한 테러 및 암살 등등을 예사로 벌이던 (산적이라고도 불렸던!) 게릴라들이 발흥하고 종횡무진 하는 땅이 되었다. 그 앞에서 '경건한 사람들'은 이 무서운 세상으로부터 모습을 감추게 된다. 그들은 종교적으로 열렬한 공동체를 이루어 이 세상의 일에는 관여하지 않고 오직 예배와 기도에만 전념한다. 그리고 이들 가운데 "묵시사상"이라는 사조가 생겨나는데, 이 사조는 한편으로는 세상의 종말을 예언하는 것이었으며(이는 오래전부터 알려져 온 것이다. "있어서는 안 될 곳에 황폐의 우상이 선 것을 보거든…" 하스몬 왕조 및 헤롯 왕조 시대에 대한 묘사로 이만한 것이 또 있겠는가!), 다른 한편으로는 모든 것을 제대로 되돌리고자, 그리하여 하나님 나라를 다시 세우고자 오실 하나님의 메시아의 도래를 예언하는 것이었다. 그러나 어쨌건 간에 이 두 사조는 국가 및 정치권력 그리고 그 조직의 가치를 완전히 부정하였다.

2. 예수

그러므로 예수가 태어나는 것은 이러한 시대상황 하에서다. 그리고 마태복음이 전하는 첫 번째 사건을 우리는 무심하게 지나칠 수 없다. 권좌에서 내려와 본 적 없는 대 헤롯에게 베들레헴에서 막 태어난 한 아이가 몰고 온 소란은 그 아이가 이스라엘의 메시아일지 모른다는 것이다. 그는 즉시 이것이 만들어낼 위험을 감지하고 베들레헴과 그 인근에서 태어난 두 살 아래의 아이들을 모두 죽이라는 명령을 내린다! 이것이 역사적 사실인지 아닌지는 여기서는 중요하지 않다. 중요한 것은 그 일의 소문이 퍼졌고 초기 그리스도인들에 의해 수집되었으며(그들이 유대인들이었음을 잊지 말자!) 그들이 하나님의 영감으로 쓰였다고 인정한 본문에 수록되었다는 것이다. 이것은 그들이 헤롯을 어떻게 평가했는지 또한 그의 뒤에 있는 권력이 어떠한 것이었는지 잘 보여준다. 그리고 어린 예수의 첫 번째 접촉은 바로 정치권력에 대한 것이었다! 이 말은 정치권력에 대한 예수의 훗날의 태도에 영향을 미쳤다는 것이 아니라 의심의 여지없이 그의 어린 시절에 비친 이미지가 그랬다는 것이다.

이러한 일련의 이야기들 속에서 내가 하고 싶은 말은 예수가 권력의 적이었다는 것이 아니라 그가 권력을 경멸했으며 모든 권위를 거절했다는 것이다. 이 권력이 어떠한 것이었든 그는 그것을 파괴하기 위해 폭력적인 수단을 쓰지 않고 급진적으로 문제를 제기했다. 사람들은 이 "게릴라 예수"의 마지막 몇 년에 대해 이미 많은 말들을 해 왔으며 또한 민중이 그가 로마인들을 쫓아내 줄 거라고 믿었음을 알고 있다. 나는 이 두 주제가 정확하지 않다고 믿는다. 예를 들어 게릴라 예수에 대해 카르도넬P. Cardonnel이 말한 것 같은 이야기들을 확증해 줄 만한 근거는 사실 없다. (성전 장사꾼들을 쫓아내신 예수, 예수께서 제자들에게 두 개의 검에 대해 하신 다음의 말씀, "그것으로 충분하다" 등으로부터 카르도넬은 제자들이 무기를 들어야 한다는 말씀이라고 결론 내렸다!) 오히려 다음의 근거 때문에 그것은 불가능하다. 제자 중에는 폭력을 사용하는 빨치산이었던 열심당이 있었으며(시몬, 유다), 또한 정보능력을 갖추고 공생을 추구한, 로마인들과 함께 한 협력자들도 있었다.(마태) 47)

그들은 결코 폭력을 추구하지 않았다. 만일 예수가 폭력을 추구하는 무리의 우두머리였다면 다음의 이유 때문에 그는 바보일 수밖에 없다. 그는 자기 여정, 특히 예루살렘으로 향한 마지막 여정에서 아무 전략도 없이 그저 포로가 되었던 것이다! 그러나 흔히 알려진 오류가 있다. 모든 유대인이 걱정한 것이 로마의 침략자들로부터 추방당하는 것이었다고 믿는 주장이다. 이교도에 대한 증오, 침략자들을 몰아내고자 하는 의지, 로마인들이 저지른 대학살에 대한 사라지지 않는 기억이 유대인들에게 있었다는 것은 의심할 여지가 없지만, 그것이 다는 아니었다. 유대 애국자들은 유다의 왕들이 로마인들에 의해 세워졌지만, 그들 없이는 권력을 유지할 수 없음을

---

47) [역주] 마태는 주님의 제자가 되기 전, 로마에 세금을 걷어다 바치는 세리였다.

잊지 않았다. 다른 말로 하자면, 로마인들에 대한 증오와 헤롯 왕가를 몰아내고자 하는 의지, 이 두 정서가 서로 결합하였고 사람들은-에세네파 같은 신비주의자들조차도-권력으로부터 나지 않았으나 유대 민중에게 진정한 해방을 안겨 줄, 영적일 뿐만 아니라 현세적이면서도 군사력에 의한 권력을 세울, "**정의의 주**"로서의 신비스러운 어떤 인물의 등장을 기다리고 있었다는 것이다. 이는 그 시대 유다의 여러 묵시사상에서도 마찬가지다. 나는 그들이 무정부주의적인 희망을 품었다고 말하려는 것이 아니라 본문들이 그러한 생각을 하게끔 한다는 것이다.

*　*　*

예수가 그의 사역을 처음 시작하시기 위해 나타나실 때 복음서는 그가 '**유혹**'을 받으셨다고 말한다. '마귀'는 그를 세 번 시험한다. 그런데 여기서 주목하게 되는 것은 바로 두 번째 시험이다. 원수는 예수를 높은 산 위로 데리고 가서 세상 모든 왕국 및 그 영광을 보여주며 그에게 말한다. "네가 내게 무릎을 꿇고 나를 경배하면 이 모든 것을 너에게 주겠다."마 4:8-9 또는 "이 왕국들의 힘과 영광은 모두 나에게 주어진 것이므로 내가 원하는 자에게 줄 수 있으니 네게 줄 수 있다. 그러므로 내 앞에 무릎을 꿇으면 다 네 것이 될 것이다."눅4:6-7 다시 한 번 말하지만, 여기서 문제가 되는 것은 이 이야기들이 사실인가 아닌가 하는 것도, 신학적인 어떤 문제를 말하자는 것도 아니다. 진정으로 문제가 되는 것은 이 본문을 기록한 사람들이 가졌던 견해와 그들이 표명하고자 했던 개인적인 확신이다. 그리고 다른 한편으로, 이 두 복음은 헬라적 기원을 가진 그리스도인 공동체들의 관점에서 쓰인 것이 거의 확실하다는 것이다. 그러므로 전술한 바에 따른 유대적인 적의의 감정이 나타나 있지 않다. 그러므로 이것은 진정으로 일반적인 정치권력에 대한 물음이며 "땅의 모든 왕국"이 의미하는 것은 단순히 헤롯의 왕조만을 말함은 아니다. 그리고 이 본문들이 말하는 바는 그야말로 놀랄 만하다. 모든 권력, 힘, 왕국의 영광 그러므로 정치권력 및 정치적 권위에 관련된 모든 것이 '마귀'에게 속하며, 이 모든 것이 마귀에게 주어졌고, 그는 그가 원하는 자에게 그것을 준다. 그렇게 정치권력을 붙잡는 사람들은 마귀에게서 그것을 받으며 그에게 의지한다! (놀랄만한 것은 정치권력의 정당성에 대한 수많은 신학적인 토론들이 있음에도, 이 본문들이 전혀 인용되지 않는다는 것이다.) 그리고 예수가 그것을 부정하지 않는 모습은 그 의미만큼이나 중요하다.

예수는 마귀에게 이렇게 말하지 않는다. "그것은 사실이 아니다. 너는 왕국들 및 나라들에 대한 그러한 권력을 가지고 있지 않다…." 그는 그것에 대해 이의를 제기하지 않는다. 예수가 그 권력을 받기를 거절한 것은 마귀가 자기에게 무릎을 꿇고 경배하기를 요구했기 때문이다. 그리고 예수의 대답은 오로지 그 부분에 대한 것이다. "주님만 경배하며 오직 그만을 섬기라." 그렇게 예수의 주변에서 또한 처음 세대 그리스도인들의 세상에서 우리가 국가라 부를 수 있는 종류의 정치권력이란 마귀의 소유물이었으며 또한 권력자들이 그 권력을 받은 것은 마귀로부터였다. 이것은 예수에 대한 시험이었다. 그러므로 한마디의 말을 더 할 수 있다. 왜 마귀인가? 어원적으로 **디아볼로스**_diabolos_는 어떤 인물이 아니라 "분열시키는 자"를 뜻한다. 그렇게 국가 및 정치는 사람들을 분열시키는 거대한 요소다. 그러므로 마귀는 원시적으로 단순화된 상상의 산물도 아무렇게나 붙인 이름도 아니다. 그것은 어떤 심판에 관계된 것이며 종교적인 것이 아니라 경험적인, 성찰에 의한 표현이다. 그것이 폭동과 내전을 촉발했던 하스몬 왕조와 헤롯 왕조의 시대의 사람들 사이에 존재했던 무서운 분열에 영향을 받은 것이었음은 자명하다. 그것이 무엇이든 첫 세대의 그리스도인들은 **전반적으로** 정치권력에 적의를 가지고 있었으며 그 '체질적' 경향 및 구조가 어떠하든 간에 그것을 악한 것으로 간주하였다!

* * *

이제 우리는 예수 그리스도 자신의 말씀에 관련된, 특히 주석들이 아마도 진짜 예수의 말씀이라고 인정하는 본문들에 도달할 것이다. 다시 말하자면, 그것은 – 초기 그리스도인들의 해석이 아닌 – 예수 그리스도 자신의 뜻에 관한 것이다. (물론 거기에 대한 초기 그리스도인들의 입장도 나열될 것이다.) 여기에는 다섯 가지 쟁점이 있다.

물론 첫 번째 쟁점은 카이사르에 관계된 유명한 이야기다. 간단히 이야기를 요약하겠다.(막12:13으로부터) 예수의 적대자들, 즉 헤롯이 보낸 사람들은 그를 '당황하게' 하고자 하였다. 그들은 예수의 지혜를 칭찬하고 나서 묻는다. "황제에게 세금을 바쳐야 합니까?" "우리가 카이사르에게 조세를 바쳐야 하는지 아닌지 묻습니다. 그에게 세금을 주어야 합니까? 아니면 주지 말아야 합니까?" 그런데 이 질문 자체에는 이미 답이 있다. 본문에 의하면, 그들은 그를 "그 자신의 말로" 덫에 걸리게 하려는 것이다. 그리고 그들이 이 질문을 던지면 논쟁은 일어날 수밖에 없게 되어 있다. 그것은 그가 카이사르에게 적대적이라고 알려졌기 때문이다! 그는 세금을 내지 말아야 한다고 말할 것이고 그렇게 되면 그들이 그를 로마인들에게 고발할 수 있는 빌미를 제공하게 된다. 그들이 예수에게 온 이유는 바로 그 때문이었다. 예수는 언제나처럼 아이러니한 대답을 통해 거기서 빠져나간다. "내게 동전 한 닢을 다오. 좀 보자." 그리고 동전을 받고 그는 오히려 그들에게 질문을 던진다. "이 새겨진 그림과 글자는 누구의 것이냐?" 그것은 당연히 로마의 동전이었다. 그것은 로마 통합의 교묘한 수단이었다. 그들은 제국 전체에 그들의 동전을 유통했고 그리하여 그것은 기축통화가 되었으며 모든 다른 것들을 측정하는 기준이 되었다. 그들은 이러한 사실을 예수에게 확인시킨 것이다. **"카이사르의 것입니다."** 그런데 로마의 세계에서 개인의 모습이 새겨진 물건은 바로 그 사람의 것이라는 뜻이었다. 19세기 서구에서 가축에 소유주의 낙인을 찍었던 것처럼. 당시에는 그렇게 말고는 소유관계를 표시할 수단이 없었고, 다민족 세계였던 로마에서는 소유관계를 표시하기 위하여 인장, 압인, 색칠 등등이 사용되었다. 카이사르의 두상을 동전에 새긴 것은 단지 장식 또는 명예의 표시가 아니라 제국에서 유통되는 모든 동전이 카이사르의 것임을 증명하는 표시였다. 그것은 매우 중요했다. 이 동전의 소지자는 다만 일시적인 소유자일 뿐 동이나 은으로 된 이 동전들의 진정한 소유자는 될 수 없었다.(이는 황제가 바뀔 때마다 새로운 두상을 새겨 넣은 이유였다). 유일한 소유주는 카이사르였다. 그러므로 예수의 대답은 간단했다. "카이사르의 것은 카이사르에게 돌려주어라." 방금 말한 대로 카이사르의 인장이 그 동전 안에 있으므로 그 동전은 그에게 속하니 그가 요구한다면 그에게 주어라! 그 순간 예수는 세금을 정당화한 것이 아니었으며 로마에 복종하라 말한 것도 아니었다. 그는 당연한 사실을 상기시킨 것뿐이다!

그러나 카이사르에게 속한 것은 무엇인가? 다음의 예를 통하여 예수는 **분명히** 밝힌다. 거기 새겨진 카이사르의 인장은 그의 권력과 한계를 나타낸다! 은화뿐만 아니라 공공건축물, 몇몇 황제숭배의 제단들…. 그것이 전부다! 카이사르에게 돌려주어라. 그러므로 너희는 세금을 낼 수 있다. 어차피 그건 아무 의미도 없고 중요하지도 않으니까. 왜냐하면, 모든 은화가 카이사르에 속한 만큼 그가 단순히 몰수하기 바란다면 그렇게 할 수 있기 때문이다. 그러므로 세금을 내거나 내지 않거나 하는 것은 본질적인 문제가 아니다. 또한, 진정으로 정치적인 문제도 될 수 없다. 그러나 카이사르의 인장이 찍혀 있지 않은 나머지 모두는 카이사르의 소유가 아니다! 나머지 모두는 하나님의 것이다.[48] 진정한 이의제기는 바로 여기서 이루어진다. 카이사르는 그 "나머지"에 대해서는 아무 권리도 가지고 있지 않다는 것이다. 다시 말해 생명에 대해서 우선 그렇다. 카이사르는 삶과 죽음에 대한 권리를 가지고 있지 않으며, 인간을 전쟁에 던져 넣을 권리를 가지고 있지 않고, 한 나라를 황폐화하고 파괴할 권리를 가지고 있지 않다. 카이사르의 지배권은 매우 제한되어 있으며 사람들은 하나님의 권리의 이름으로 그가 시도하는 대부분을 반대할 수 있다. 헤롯이 보낸 사람들은 예수를 향해 아무 이의를 제기할 수 없었기에 예수는 그들을 물리칠 수 있었다! 그들은 유대인들이었으며 또한 우리의 본문이 "바리새인들 및 헤롯이 보낸 사람들"에 대한 것이었던 만큼 그들은 경건한 유대인이었음이 확실하다. 결국, 그들은 예수의 이러한 확증을 부정할 수 없었다. "나머지 모두

---

48) 예수가 카이사르의 나라와 하나님의 나라를 비교한 것에 대하여 J.-J. 루소가 그것이 "나라의 분열"을 꾀한 근원이었다며 이 말씀을 공격했다(『사회계약론』, Ⅳ.8) 는 일각의 주장은 놀라울 뿐이다. 오히려 그는 이렇게 말했다. "인간을 그 자신과 모순되게 만드는 모든 제도는 거절되어야 한다!" 결국 국가는 시민종교의 대제사장이며 그럼으로써 그것은 국가의 종교가 된다…!

는 하나님의 것이다!" 그리고 그와 동시에 그것은 이스라엘의 해방 전쟁을 순전히 정치적인 투쟁으로 변형시키기 원했던 열심당원들에게 그 투쟁의 한계 및 본질이 무엇인지를 상기시킨 예수의 간접적인 대답이었다.

정치적 권위들에 대한 예수의 두 번째 말씀은 한 놀라운 대화에서 나타난다. 예루살렘으로 올라가는 중에 제자 중 몇몇은 예수가 권력을 붙잡을 것이라 믿었고 예수가 왕권을 얻을 때 누가 2인자가 될 것인가를 놓고 논쟁을 벌인다.^{마20. 20-25} 세배대의 아내는 그 두 아들 야고보와 요한을 데리고 와서 짐짓 이렇게 요구한다. "여기 내 두 아들이 당신의 나라에서 한 명은 당신의 오른편에 한 명은 당신의 왼편에 앉도록 명해 주소서. [하지만, 예수는 그들을 완벽하게 잘 알고 있다!]" 예수가 제자들에게 그가 예루살렘에 올라가면 당연히 죽을 것임을 알라고 말한 상황이었음에도, 예수 당시의 상황은 그러한 오해를 불러일으키기 충분했다! 예수는 우선 그들이 아무것도 이해하지 못하고 있다고 대답하고, 여기 우리의 시선을 끄는 다음의 문장을 덧붙인다. "너희가 알다시피 나라들의 우두머리들은 백성을 압제하며 위대하다는 자들은 백성을 노예로 부린다. 너희는 그와 같아서는 안 된다. 너희 중 누구든지 크고자 하는 자는 섬기는 자가 되어야 한다…."

그러므로 당시 사람들에게 일반적으로 이해되었던 견해가 무엇이었는지가 여기 나타난다. 어떤 나라든 정치 체제가 어떠하든 나라들의 우두머리들은 백성을 압제한다. 압제하지 않는 정치권력은 있을 수 없다! 예수의 눈에 그것은 자명하며 확실한 것이다. 다시 말해 우두머리들 및 위대하다는 자들이 있다면 정치권력은 선할 수 없다는 것이다! 그것은 또 다른 "권력"에 대한 문제제기이며(부패한 권력 등등) 우리가 앞서 다룬 바 전도자가 한 말의 메아리기도 하다. 그러나 다른 한편으로, 그것은 예수가 이 왕들 및 위대하다는 자들에 대항한 반란 및 물리적인 투쟁을 선동하지 않음을 의미한다. 그는 언제나 그렇듯 질문 자체로 되돌아가서 질문하는 사람들을 끌어들인다. "그러나 너희는…." 너희는 그래서는 안 된다. 다시 말해, 그렇게 왕들과 싸우는데 마음을 쓰지 말고 그들을 무시하라. 그리고 너희는 이 모든 것과 전혀 상관이 없는 사람들, 버려진 사람들의 사회를 만들어라. 그 사회에는 '권력'도, 권위도, 위계질서도 필요가 없다….[49] 너희가 고칠 수 없는, 사회가 정상으로 받아들이는 그러한 일들 말고 다른 일을 하라. 다른 기초 위에 다른 사회를 만드는 것이 너희가 할 일이다. 물론 이러한 태도는 "탈정치화"라는 이름으로 비난받을 수 있다. 그리고 사실상 우리가 다룬바 그것이야말로 예수의 전반적인 태도다. 그러나 그것이 "탈사회화"를 의미하는 것은 아니다. 그는 사회에서 나가 사막으로 가라고 하지 않고 그 안에 남아 다른 규칙들 및 다른 법들을 따르는 공동체를 세우라고 권고한다. 인간이 권력 현상을 바꿀 수 없다는 것은 확실하다. 그리고 교회가 정치 영역에 들어가 '정치적인 일들'을 시작하자마자 무엇이 되었는지 생각한다면 그 말씀이 하나의 예언이었음을 알게 된다. 교회는 국가와 관계를 맺으면서 그리고 자신 안에서 "권위들"을 만들어내면서 부패했다. 물론 정치권력에서 벗어나 독립적인 공동체를 세우는 것이 예수 당시에는 비교적 쉬웠지만, 오늘날은 그렇지 않다는 정당한 반론을 제기할 수 있다. 그것은 정당한 반론이기는 하지만 우리에게 다른 이들을 정복하고 힘을 행사하는 수단으로서의 정치로 뛰어들라고 설득하기에는 역부족인 반론이다.

---

[49] 이 본문을 낭독하며 교회가 위계질서, "군주들" 그리고 위대한 자들을 그 자신 안에 조직할 수 있었음은 우리를 아연실색하게 만든다!

세 번째 쟁점 역시 세금에 관한 것인데 여기 놓인 질문은 앞서 다룬 쟁점을 재생산한다. "그들이 가버나움에 이르렀을 때 두 드라크마를 거두는 사람들이 베드로에게 물었다. 당신의 주인은 두 드라크마를 내지 않으십니까? 베드로는 낸다고 하였다. 그가 집으로 돌아왔을 때 예수께서 그에게 말씀하셨다. 시몬아, 너는 어떻게 생각하느냐? 세상의 왕들은 조세 또는 세금을 누구한테 거두느냐? 그들의 아들들로부터냐 아니면 이방인으로부터냐? 베드로가 대답하였다. 당연히 이방인으로부터입니다! 예수께서 그에게 대답하셨다. 그렇다면 아들들은 내지 않아도 된다! 하지만, 그들을 시험에 들지 않게 하려고 호숫가로 가서 낚싯줄을 드리우면 물고기가 잡힐 것이니 그 입을 열어 한 세겔4드라크마의 가치를 가진 은화를 발견하면 그것을 위하여 나와 너의 몫으로 내어라!" 물론 매우 오랫동안 사람들이 주목하고자 한 것은 그 '기적'이었다. 예수는 마치 마술사처럼 은화를 만들어낸다! 그러나 정확히 말하자면 이 기적은 전혀 중요한 일이 아니다. 오히려, 예수가 한 기적은 항상 '경이' 이상의 의미가 있음을 기억할 필요가 있다! 예수는 사랑으로 불쌍히 여기는 마음으로 병자를 고치는 기적을 행했다. 그는 때때로 어떤 사람을 구하고자 '예외적인' 기적들을 행한다…. (풍랑을 잠재우시는 등등) 그러나 결코 그는 사람들을 놀라게 하려거나 그의 힘을 입증하려거나 그의 신성을 믿게 하려고 기적을 행하지는 않는다. 사람들이 그러한 것을 원할 때 그는 항상 거절한다. "우리에게 기적을 보여주시면 우리가 당신을 믿겠소." 예수는 이러한 것을 절대적으로 거절한다. (그리고 이는 믿음이 기적에 의존하는 것이 아닌 이유다!) 그래서 이러한 기적은 그런 식으로는 설명할 수 없다.

그렇다면, 이는 무엇을 말하고자 하는 것일까? 예수는 이러한 세금은 내면 안 된다고 말한다. 왜냐하면, 이 '두 드라크마'의 세금은 '성전세'였으나 제사장들을 위해서 쓰일지언정 그것을 거두는 사람은 헤롯왕이었기 때문이다. 그러므로 종교적 목적으로만 사용되어야 했던 이 세금은 왕에게 흘러나가 유용되었다. 그래서 예수는 단지 **유대인**이라 하지 않고 **아들들**… 하나님의 "**아들들**"이라 말했으며 그러한 이유로 이 종교세를 내지 않아도 된다고 한 것이다! 그럼에도, 이러한 작은 문제를 큰 시험거리로 만들 필요는 없다. (또는 예수는 이 세금을 거두는 작은 사람들, 가난한 사람들을 벌 받게 하고 싶지 않았다.) 그렇게 한다면, 이 일은 **조롱거리**가 되고 만다.

여기 기적의 정확한 의미가 있다. 세금을 거두도록 명하는 권력은 조롱거리이며 이 권력은 별로 중요한 것이 아님을 보여주기 위해 그는 부조리한 기적을 행한다. 이 기적은 예수가 왕 및 성전의 권위자들 등등에 대해 완전히 무관심하다는 것을 보여주려는 것이다. 아무 물고기나 잡으면 그 입 안에 있는 은화를 찾을 것이다! 우리는 예수의 이 태도로부터 그가 정치 및 종교 권력을 평가절하할 뿐 아니라 사람들이 그것에 굴복할 필요가 없고 단지 조롱하면 된다고 말하려 함을 확인한다! 다시 한 번 말하지만, 의심의 여지없이 예수 시대에는 이것이 가능했지만, 지금은 어렵다는 반론이 있을 것이다. 그럼에도, 그것은 자신을 대적하여 십자가에 못 박은 권력을 길들인 예수의 행동양식이었다.

예수의 네 번째 말씀은 정치권력보다는 폭력에 더 관련된 것이다. 그것은 유명한 다음의 말씀이다. "검을 가지는 자는 검으로 망할 것이다."마 26:52 하지만, 이 본문은 해석의 어려움이 있다. 누가복음의 이 놀라운 말씀은 예수가 제자들에게 검을 사라고 권고하는 것처럼 보인다! 그들 중 두

명은 검을 가졌고, 예수는 다음과 같이 말한다. "그것으로 충분하다!" 그러나 예수의 놀라운 말씀은 본문의 끝에서 부분적으로 설명된다. "내가 강도 중의 하나로 여김을 받으리라 한 예언이 이루어져야 한다." 그러므로 두 개의 검이 전투에 사용되어야 한다면 우습기 짝이 없는 것이 된다. 두 개의 검이 예수를 강도 또는 산적 두목이라는 죄목으로 고발하는 근거가 되어야 한다면 정말 그것으로 충분하다! 예수가 예언들이 성취되기를 원했다고 생각해야 하지 않겠는가! 그렇지 않다면 이 말씀은 난센스다. 예수가 잡혀갈 때 그가 한 다른 말로 돌아가 보자. 베드로는 그 주인을 방어하고자 병사 중 하나에 해를 가했다. 예수는 그에게 멈추라고 말하고 나서 폭력에 대한 절대적인 심판을 의미하는 이 유명한 말을 한다. 그것은 또 다른 폭력을 낳을 뿐이며, 검은 풀무로부터 또 다른 검이 나오게 한다. 또한, 중요한 것은 같은 의미의 구절이 요한계시록에도 등장한다는 것이다. 계 10 그것은 "땅으로부터 올라오는 짐승"의 출현과 관련되어 있기에 중요하다. (또한, 새롭다) 땅으로부터 올라오는 짐승은 일반적인 정치권력과 다양한 형태의 힘을 대표하며 "바다로부터 올라오는 짐승"은 우리가 선전 Propagande이라고 부를 수 있는 것을 뜻한다고 나는 밝힌 바 있다.50) 그러므로 전자는 폭력에 의지하며 모든 것을 지배하고 어떠한 '인간의 권리'도 존중하지 않는 국가다! 그리고 본문의 기자는 폭력적인 국가의 면전에서 선언한다. "검으로 죽이는 자는 검에 의해 죽임을 당할 것이다." 왜냐하면 한편으로 그것은 하나의 희망의 말씀이 될 수 있기 때문이다. 이 국가가 검을 사용하는 이상, 검에 의해 멸망할 수밖에 없다. (그리고 이것이

---

50) 참고 :*L'Apocalypse, architecture en mouvement*, Desclée, 1975. 더 자세한 설명을 원한다면 참조하라. p. 107.

사실임을 우리는 지난 수세기의 역사를 통해 확인한다!) 그러나 또한 그것은 그리스도인들에 대한 명령이기도 하다. 우리가 국가와 싸우려고 검을 들 필요가 없는 이유는 그렇게 한다면 검으로 죽을 자들이 바로 우리이기 때문이다. 그렇게 우리는 다시금 비폭력의 의미에 대하여 안내받는다.

마지막으로, 예수의 생애에서 우리가 주목할 마지막 쟁점은 바로 **재판**이다. 예수는 두 번의 재판을 받는데, 산헤드린 앞에서 그리고 빌라도 앞에서다. 그런데 예수의 태도에 대한 자세한 묘사에 앞서 미리 물을 것이 있다. 칼 바르트를 비롯한 신학자 대부분은, 예수가 빌라도의 재판정에 서는 것을 받아들였으며 권위를 존중하는 것처럼 행동했고 판결에 불복하지 않았던 만큼, 그것은 그가 이 재판을 정당하게 받아들였음을 입증하며 결국 그것이 바로 국가의 기초가 아니냐고 말한다. 내가 이러한 해석에 아연실색하지 않을 수 없는 것은 나는 이 구절을 정확히 반대로 읽었기 때문이다! 빌라도는 로마의 권위를 대표하며 로마법을 적용한다. 그런데 내가 알기에는 어떤 문명도 그렇게 정교하고 구체적이며 재판과 토론과 변론에서 그렇게 정의로운 해법을 제시하는 법체계를 가지고 있었던 적이 없다. 농담이 아니고 정말 그렇다. 나는 스무 해 동안 로마법에 대하여 가르쳤으며 "무엇이 정의인지" 말한 법학자들의 모든 솜씨와 정교함을 발견하였다. 그들은 법을 다음과 같이 정의했다 . "Jus est ars boni et aequi", 법은 선과 형평의 예술이다! 그리고 구체적으로 사실상 '정의'가 적용되었음을 보여주는 결정 및 책임자 등이 있음을 나는 보증할 수 있다. 우선 로마인들은 흔히 묘사하는 것처럼 잔인한 전사나 정복자가 아닌, 로마법이라고 하는 걸작이 만들어낸 창조물들이었다. 그리고 나는 사람들이 전혀 생각하지 못하는 작은 문제 하나를 제기하련다. 엄밀하게 말해, 로마의 군대는 대군이었던 적이 없다. 그들은 많아야 120군단 정도였으며 제국의 국경선 전체에 걸쳐 배치되어 있었고 반란이 일어나지 않는 한 군대를 내부로 불러들이지 않았다. 제국의 질서는 군사적 질서가 아니었으며, 오백 년간 제국이 보유했던 질서는 정교하고 사람들을 만족하게 할 만한 법의 기준에 의해 얻어진 안정 및 행정의 솜씨에서 비롯된 것이었다! 예수의 재판 이야기가 의미하는 것을 파악하려면 이러한 사실에 대한 이해가 전제되어야 한다.

사람들이 그처럼 자랑스러워했고 가장 정의로운 해법을 제공했던 그 법은 결국 누구에게 적용되었는가? 그 어떤 정당한 동기도 없이 무죄한 사람을 군중이 재판하게 하고 사형선고를 받게 했을 때 말이다. (빌라도는 그것을 알고 있었다!) 이것이 그 뛰어난 사법 체계로부터 사람들이 기대하던 것이었는가! 그러므로 예수가 재판에 순복했다는 사실은 결코 정부 권위의 정당성을 확인하는 근거가 될 수 없으며, 그것은 오히려 정의에 이르고자 하던 것의 근본적인 불의함을 폭로한다! 그리고 우리가 더욱 공감하게 되는 것은 다음의 선언에 이르러서다. "예수의 재판에서 명예를 회복하는 사람들은 로마가 사형선고를 내리고 십자가에 못 박은 모든 사람이다!" 그러므로 우리는 다시 한 번 모든 권력은 불의하다는 성서 기자의 이러한 확신과 마주친다. 우리는 거기서 전도자의 메아리를 재발견한다. "판결을 내리는 자리에 악이 다스린다."51)

그리고 이제 이 재판에서의 예수의 말씀과 태도를 관찰하자. 물론 네 복음서 사이에는 차이점들이 있으며 말씀이 완전히 같지는 않을 뿐만 아니

---

51) 그리고 신약성서의 기자들은 당연히 이 구절을 알고 있었다. 전도서 본문은 매년 숙곳의 대축제(이스라엘의 대속죄일인 욤 키푸르 직후에 열리는 신년 축제; 역주)에서 장엄하게 낭독되었기 때문이다.

라 같은 사람들을 대상으로 하고 있지도 않다. (예를 들어 산헤드린이라고도 하고 헤롯이라고도 가야바라고도 한다….) 그러나 어쨌든 전체적으로 기록되어 있는 것은 아주 분명한 하나의 태도다. 그것은 침묵, 권위자들에 의한 고발 또는 결연한 도발로 표현되었다. 예수는 이 권위들 앞에서 대화를 시도하지도 결백을 주장하지도 어떤 권력의 참됨을 확인하지도 않았다. 그것이 바로 충격적이다. 나는 이 세 면면의 예수의 태도를 다시 다루려고 한다.

침묵, 대제사장 등 및 모든 산헤드린 앞에서: 모든 이야기는 사람들이 예수에 불리한 증인들을 찾았지만 찾지 못했고 결국 두 사람이 그가 성전을 무너뜨리려 했다고(마태복음) 증언하였다는 사실에서 일치한다. 그리고 예수는 아무 대답도 하지 않는다. 권위자들은 놀랐으며 그에게 자신을 변호하라고 요구했지만, 그는 침묵을 지킬 뿐이다. 헤롯 왕 앞에서도 마찬가지였다. (이것은 누가만 전하는 사건이다) 헤롯은 그와 말해보고 싶어 그를 호출한다! 그러나 예수는 어떤 질문에도 답하지 않는다. 결국, 그곳은 예수에 대해 적의가 없는 상태였던 빌라도가 그에게 유죄판결을 내릴 수도 있었던 자리였던 만큼 마태복음과 마가복음은 로마 관리 빌라도 앞에서의 다시 한 번 놀랍다고밖에 할 수 없는 예수의 이러한 태도에 대해 역설한다. 예수를 빌라도 앞에 고발하는 사람들은 대제사장들과 장로들이다. "대제사장들이 많은 죄목으로 그를 고발했다." 그리고 빌라도는 간청한다. "아무것도 대답하지 않으려느냐?" 그러나 예수는 사실상 아무 대답도 하지 않는다. "빌라도를 더 놀라게 한 것"이다. 그러므로 전체적으로 그것은 모든 종교 및 정치의 권위를 거절하고 업신여긴 태도였다. 예수는 이 권위들이 어차피 정의롭지 않으므로 자신을 변호하는 것은 절대적으로 아무 소용이 없다고 생각하는 것으로 보인다.

그러나 다른 관점에서 보자면, 예수는 때로 공격적이며 멸시 또는 조소하는 태도를 보인다. 산헤드린과 빌라도 앞에서의 이야기를 되풀이하자면, 그들은 예수께 묻는다. "네가 유대인들의 왕이냐." 그리고 세 이야기 중 둘은 다음의 아이러니한 대답을 보고한다. "그것은 너의 말이다." (나는 그 주제에 대해 아무 말도 하지 않지만 너는 네가 원하는 대로 그렇게 생각할 수 있다!)

그의 태도 역시 대제사장들 같은 권위에 대한 하나의 고발이다. "내가 매일 성전에서 너희와 함께 있었는데 너희는 나를 잡으려 들지 않았다! 그리고 지금 검을 들고 강도를 잡으려는 것처럼 무장하고 왔다! 보아라. 너희의 때가 왔으니 어둠의 권세의 때다."눅22. 52-53 다른 말로 하자면, 그는 짐짓 대제사장들을 악한 권위라며 고발한다. 거의 같은 상황이 요한복음에도 나타난다.요18. 20-21 대답은 다르지만, 반은 조소하며 반은 고발하는 내용이다. 대제사장 안나스가 예수의 "가르침"에 대해 질문했을 때 예수는 대답한다. "나는 이미 모든 사람에게 공개적으로 말하였다! 왜 그것을 나에게 묻느냐? 내 말을 들은 사람들에게 묻거라. 그들은 내가 말한 것을 알 것이다!" 그리고 군병 중 하나가 그 불손한 대답에 격분하여 뺨을 때리자 예수는 그에게 대답한다. "내가 잘못 말하였다면 입증하여 보아라. 그리고 내가 제대로 말하였다면 어찌 나를 때리느냐?"

마지막으로, 이러한 권위의 부정에 아직 모호한 태도를 보이는 요한복음의 본문이 있다. 빌라도는 예수에게 말한다. "너는 나와 말하기를 거절하는구나. 내가 너를 살려 보낼 수도 있고 십자가에 못 박을 수도 있는 권력을 가지고 있음을 모르느냐?" 그러자 예수가 그에게 대답한다. "위에서 주지 아니하였더라면 너는 나에 대하여 조금의 권력도 행사할 수 없었을 것이다. 그러므로 나를 너에게 넘겨준 자들의 죄는 너보다 더 크다." 이 유명한 "위에서 주지 아니하였더라면"이라는 구절은 확실히 다양하게 해석된다. 모든 정치권력이 하나님에게서 왔다고 생각하는 사람들은 확신한다. 예수는 빌라도가 하나님으로부터 권력을 받았다는 것을 인정하는 것이라고! 그러나 나는 그 대답 후반부의 의미에 대한 설명에 주목한다! 예수를 넘겨받은 권력이 하나님에게서 온 것이라면 왜 그를 넘겨준 사람의 죄가 더 크다는 것인가! 두 번째 해석은 순수하게 역사적인 것이다. 예수는 빌라도에게 말한다. "너의 권력은 바로 황제가 준 것이다…." 나는 이 해석이 무슨 말인지 잘 모르겠다. 예수가 빌라도는 황제에게 속할 뿐이라고 선언하는 것은 무슨 의미인가? 그들의 대화와 이 해석이 가지는 관련성은 어떤 것인가?

결국, 내가 제기하는 (거의 지지받지 못하는) 해석은 예수는 빌라도에게 다음과 같이 말하였다는 것이다. "나에 대한 너의 권력은 악의 영으로부터 온 것이다." 그것은 우선 우리가 다루어 온 "유혹들"이라는 주제와 들어맞는다. (세상 모든 왕국의 권력은 마귀에 속한 것이다.) 그다음으로, 좀 전에 다루었던 구절에 관련하여, 예수는 대제사장들에게 이 재판은 어둠의 권세에 속한 일이라고 대답한다. 결국, 그 대답의 후반부는 설명한다. 예수는 빌라도에게 말한다. "너는 악의 영으로부터 너의 권력을 받았으나 나를 너에게 넘겨주는 자는 너보다 더 죄가 크다!" 참으로 그렇다! 그럼에도, 우리가 (이 재판에서 예수의 태도에 대한 구전 및 정확한 그의 말씀들을 담은) 이 본문들이 초기 그리스도인들의 일반적인 견해를 형성했다고 인정한다면 어찌하여 빌라도가 악의 영 덕분에 권력을 가졌다고 더 분명하게 말하지 않았던 것일까? 왜 본문은 이처럼 모호하게 기록되었을까? 물론 나는 본문이 그것으로 충분하다고 생각한다! 이 복음요한복음-역주은 그리스도인들이 범죄자로 여김 받기 시작하던 시기에 쓰였으며 그러기에 어떤 본문들은 그 의미가 분명하게 나타나지 않도록 "숨겨졌음"을 우리는 잊어서는 안 된다!

결국, 예수는 때때로 도발을 서슴지 않는다. 예를 들어 대제사장은 그에게 묻는다. "너는 메시아인가, 하느님의 아들인가?" 우리는 예수가 다음과 같이 대답한다는 것을 알고 있다. "그것은 네 말이다." 그러나 그는 덧붙인다. "이제부터 너는 인자가 하나님의 오른편에 앉는 것과 하늘의 구름 위로 오는 것을 볼 것이다!"52) 그것은 그 시대의 모든 신학적 가르침에 대한 조롱이었다. 예수는 자신이 그리스도라고 말하지도 않았으며, 그 자신이 하나님의 오른편에 앉을 것이라고 말하지도 않았다. 그는 "내가"라고 말하지 않았다. 그는 말했다. "인자人子가"라고. 그러나 성서에 정통하지 않은 사람들을 위해 예수는 결코 자신을 그리스도(메시아)라고도 하나님의 아들이라고도 말한 적이 없음을 언급해야겠다. 예수는 항상 자신을 "인자"(다시 말해, 참사람!)라고 지칭했다. 그가 다음과 같이 말했을 때 이미 대제사장을 조롱한 것이었다. "이제부터…." 그러므로 네가 나에게 유죄판결을 내리는 그때로부터! (마가복음에도 이와 관련된 같은 대답이 등장한다. 그러므로 이는 사실상 예수가 한 말로서 여러 기회를 통하여 첫

---

52) "하늘의 구름"에 대한 흔한 오해를 걷도록 하자. 유대인들에게 있어 "하늘" 그리고 특히 "하늘의 하늘"은 달과 해가 있는 우리의 파란 하늘을 의미하는 것이 결코 아니었다! 하늘 그것은 "하나님의 거처"다. "하늘"이라는 용어는 닿을 수 없음을 표현하기 위해 선택되었다. "하늘의 하늘"이 자주 사용된 것도 그래서인데, 히브리어에서 그것은 절대 최상급으로 "절대적인 하늘"을 뜻한다. 구름에 대해서 말하자면, 그것은 오직 알 수 없음, 이 신비를 이해할 수 없음을 표현하려는 것이다: 그것은 "장막"을 뜻한다. 구름 위를 걷는 예수를 표현한 그림들은 몹시 심한 오해에서 비롯된 것이다!

세대의 그리스도인들에게 전해졌던 것이다.)

결국 요한복음에 등장한 것은 그와 같은 도발로서 빌라도를 향한 것이다. 요18. 34-38 늘 그렇듯 예수는 이 본문에서 빌라도를 어리둥절하게 만든다. "네가 유대인들의 왕이냐?" 예수는 대답한다. "그것은 네 말이냐 아니면 다른 사람이 너에게 그렇게 말하더냐?" 빌라도는 자신이 유대인이 아니라 잘 모르겠으나 유대의 권위자들이 예수를 넘겨주어 그러한 질문을 하는 것이라고 대답한다. 그런데 예수는 다음의 모호한 대답을 한다. "나의 왕국은 이 세상의 것이 아니다." (그러므로 나는 제국과 경쟁할 생각이 없다!) "내 왕국이 이 세상의 것이었다면 나의 동료가 내가 유대인들에게 넘겨지지 않도록 싸웠을 것이다!" 빌라도는 잘 이해하지 못하고 단정한다. "그렇다면, 너는 왕이구나!" (그것은 그에게 예수를 유죄 판결할 정당한 근거였다!) 그리고 우리가 알다시피 예수는 그에게 대답한다. "그것은 네 말이다!" (나는 거기에 대해 아무 말도 하지 않겠다!) 그리고 그는 덧붙인다. "나는 진리에 대하여 증언하기 위해 났고 이 세상에 왔다! 진리로부터 난 자는 누구든지 내 말을 이해한다!" 그것은 다시 말해서 빌라도는 아무것도 이해할 수 없다는 말이었다.

그래서 빌라도는 마지막 질문을 한다. "진리가 무엇이냐?" 그러자 예수는 더는 대답하지 않고 빌라도에게 아무것도 가르쳐 주지 않는다! 그러므로 우리가 여기서 다시금 발견하게 되는 것은 숨겨진 조롱, 도전, 그리고 권위에 대한 도발이다. 예수는 그러니까 아예 이해하지 말라는 식으로 빌라도에게 말한 것이다.

그러므로 정치 및 종교 권위에 맞선 예수와 관련된 본문들을 따라가다 보면 우리는 '비협조', 무관심 때로는 고발의 반어법과 경멸을 발견한다!

그는 게릴라가 아닌, '본질적인' 반체제인사였다!

3. 요한계시록

그러므로 처음 두 세대가 권력에 대해 가졌던 태도가 어떠한 것이었는지 규정하려 한다. 그리고 우리가 지금 다루려는 요한계시록53)은 가장 폭력적인 책으로 예수의 말씀들과 같은 관점에서 기록되었으나 매우 해석하기 어려운 책이다! (주후 100년에서 130년 사이에 기록됨) 그것이 직접적으로 로마를 겨냥한 본문임은 분명하다. (그러나 유다에서의 로마인들의 존재뿐만 아니라, 로마 자체의 황제를 중심으로 한 중앙 권력과 직접 관련되어 있다.) 책 전체를 통하여 하나님의 권능에 맞서는 땅의 모든 권능 및 권력들이 등장한다. (하나님의 권능과 땅의 권력들 사이에 연속성이 있다거나 유일하신 전능자 하나님이 마치 땅의 군주처럼 하늘을 다스린다고 말하는 사람들의 주요한 오류는 그만큼 땅에서 전능한 왕을 그려낸다는 것이다. 요한계시록이 말하는 바는 정확히 그 반대다!) 책 전체에서 나타나는 것은 정치권력에 대한 문제제기다.

내가 붙잡는 것은 단지 두 개의 거대한 이미지다. 첫 번째는 "두 짐승"으로 마지막 예언자들구약성서 시대의 마지막에 등장하는 예언자들, 예를 들면 다니엘-역주의 이미지에서 온 것이며, 사실상 그들 시대의 정치권력들을 짐승으로

---

53) 사람들로 하여금 항상 드라마, 대재앙 등을 떠올리게 하는 아포칼립스(Apocalypse 묵시록)라는 말은 단순히 다음과 같은 뜻이다: 계시 révélation. 그리고 이 책이 말하는 것이 대재앙이라는 말은 사실이 아니다! 오히려 그 반대다! 다음의 내 책을 보라 :*L' Apocalypse, architecture en mouvement.*

표현한 것이다. 첫 번째 짐승은 "바다로부터 올라오는 짐승"이다. (군대를 바다를 통하여 보내는 로마를 뜻함이 거의 확실하다.) 그는 용에게서 받은 "왕좌"에 앉아 있다.계12-13장 (용은 반反하나님Anti-Dieu을 대표한다.) 그는 "짐승에게 모든 권위"를 부여했다. 사람들은 짐승을 숭배한다. 그들은 선언한다. "누가 그와 싸울 수 있겠는가?" 짐승에게는 "모든 족속, 모든 백성, 모든 언어와 모든 민족을 지배하는 모든 권위와 모든 권력"이 주어졌다. 그리고 땅의 모든 거주자가 그를 숭배한다. 권위와 군사적 힘을 가지고 숭배를 요구하는 정치권력을 묘사하기에 이보다 적절한 표현은 없을 것이다! (그러므로 정치권력과 "디아볼로스"의 관계 역시 그와 같다.) 계시록의 마지막에는 그 짐승이 바로 국가임을 확증해 주는 본문이 등장한다. 큰 바빌론로마이 멸망하는 것이다.계18장 그리고는 전투가 일어나는데 짐승은 하나님과 전쟁을 치르고자 땅의 모든 왕을 모으나 패퇴하고 단죄를 받는다. 그것이 대표하는 것의 운명 역시 그러하다. 두 번째 짐승은 땅에서 올라오는데, 나의 해석은 전문가들에게는 좀 지나친 것으로 보일 수도 있겠으나 그대로 밀고 나가련다. 이 짐승은 다음과 같이 묘사된다. "그는 땅의 모든 거주자가 첫 번째 짐승을 숭배하게 한다." "그는 땅의 거주자들을 속인다." "그는 그들에게 첫 번째 짐승의 우상을 만들게 한다." "그는 짐승의 이미지에 생기를 주어 그의 이름으로 말한다." "그는 작은 자든 큰 자든 가난한 사람이든 자유민이든 노예이든 모든 사람에게 오른손이나 이마에 표를 받게 하고 그 짐승의 표가 없이는 사지도 팔지도 못하게 한다." 내가 보기에 그것은 **경찰**과 연관된 **선전**을 묘사한 것이다. 그는 사실 사람들을 국가에 복종하고 국가를 숭배하도록 이끄는 논쟁을 주도하며 이 사회에서 살 수 있도록 허가하는 "표"를 준다!

결국, 첫 번째 짐승에게 복종하지 않는 사람은 죽임을 당할 것이다! 나는 그 묘사가 정확하다고 믿는다. 로마의 주요한 선전 수단 중 하나가 제단 및 신전 등을 통해 로마 및 황제 예배를 세우는 것이었음과 그 시대 유다의 왕들이 완벽하게 그에 복종했음을 고려할 때 그러하다. 그리고 그것은 이 본문이 땅으로부터 올라오는 짐승에 대해 말한 이유다! 왜냐하면, 오리엔트 지역의 지방 세력들은 로마 예배를 발전시키는데 가장 열정적이었던 사람들이었기 때문이다! 그러므로 그것은 지성 또는 신앙에 영향을 미치는 힘의 한 종류로 첫 번째 짐승에 자발적으로 복종하게 하는 것이다. 그러나 이 본문을 쓴 유대인들에게 국가 및 그 선전은 **악**에서 오는 두 힘이었음을 상기하자!

마지막으로 우리가 주목할 마지막 본문은 유명한 18장으로 큰 바빌론의 멸망에 대한 것이다! 이 본문이 로마를 겨냥한 것임을 모르거나 인정하지 않는 사람은 없다. 그러나 이 본문에서 로마는 명백히 최고 정치권력과 동일시된다. 모든 민족은 그녀의 광적인 악덕의 포도주를 마신다. (그 악에 의한 광기와 폭력의 첫 번째 묘사는 흥미롭다.) 땅 위의 모든 왕은 그녀와 간음한다. (땅의 왕들은 그녀와 잤으므로 정치적 힘의 꼭대기에 도달한다!) 그리고 땅의 상인들은 그녀의 사치 덕분에 부자가 된다. (그 주해는 다음과 같다. 국가는 부를 구체화하는 수단이며 그 고객들을 부유하게 한다. 오늘날 무기를 만드는 "거대한 사업"을 벌이는 기업들도 마찬가지임을 생각해 보자. 그것은 정치권력과 금권의 결합이다.) 그녀가 무너질 때 "땅의 모든 왕은 슬퍼하며 절망할 것이다. 자본가들은 흐느낄 것이다…".

그 후에 따르는 것은 로마에 물건을 사고판 모든 자의 긴 목록이지만 그 중 가장 흥미를 끄는 것은 그 목록의 가장 아래에 나타난다. 큰 바빌론은

"사람의 몸과 영혼"을 사고팔았다. 그것이 단지 몸뿐이었다면 그것은 노예매매로 생각하면 그뿐이다. 그러나 거기에는 다음의 단어가 등장한다: 영혼. 여기서 문제가 되는 노예의 매매가 아니다. 그것은 정치권력이 인간 위에 군림하는 권력임을 뜻한다. 그리고 약속된 것은 이 정치적 지배의 순수하고 단순한 멸망이다. 의심의 여지없이 로마뿐 아니라 모든 권력과 모든 지배권은 특히 하나님의 원수로 묘사된다. 하나님은 **큰 음녀**로 불리는 이 정치적 힘을 심판한다. 사람들은 그것으로부터 어떠한 정의도 어떠한 진리도 어떠한 선도 기대할 수 없으며 단지 그것의 파괴만을 기대할 수 있을 뿐이다. 알다시피 우리가 기대하는 것은 로마의 식민지배에 저항하는 예수의 반란이 아니다. 다시 말해, 그것은 그리스도인들의 수가 증가함에 따라 그리고 기독교 사상이 진화함에 따라 정치권력에 맞서 강해져 왔다. 이 본문을 단지 로마에 국한하기를 원하는 것은 환원주의적 사고일 뿐이다. 그들이 강해진 것은 박해가 시작되면서부터였으며, 큰 음녀는 "성도들과 예수 증인들의 피에 취해" 있었던 만큼 그리고 "그 큰 도시에서 발견된 것은 예언자들, 성도들 그리고 **땅에서 목이 잘린 모든 사람**"이었던 만큼 이 본문은 그에 대하여 말하고자 했던 것이다. (그러므로 그것은 초기 그리스도인들뿐 아니라 모든 의로운 사람들이 당한 학살과 관련되어 있다.) 놀랍게도 이 본문은 그렇게 그리스도인이라는 이름으로 죽임을 당한 사람들이 목이 잘리는 형을 받았다고 말한다.계20:4 그러므로 그것은 여전히 서커스 놀이의 문제도 사자에게 던져지는 등의 문제도 아니다. 그렇게 권력은 그리스도인들뿐만 아니라 모든 "의로운" 사람들도 죽인다. 이러한 경험이 정치권력을 비난하는 확신을 더욱 공고히 만들었음은 분명하다. 초기 세대의 그리스도인들은 전체적으로 볼 때 어떠한 다른 입장도 가지고 있지 않았다고 나는 믿는다. 당시 기독교는 완전히 국가에 적대적이었다.

4. 한 영향: 베드로의 서신

바울의 본문으로 향하기에 앞서, 후기 서신 중 하나인 베드로전서의 짧은 구절 하나(벧전 2. 14, 17장)를 살펴보고 넘어가자. "왕을 주권자로 여겨 순복하고… 왕을 존경하라…." 이 본문이 주석자들에게 조금의 어려움도 주지 않아 왔음은 놀랄 만한 일이다! 그들에게 그것은 정말로 단순한 본문이었다! 그들에게 왕은 로마 황제를 의미하는 것이었으니까 당연하다. 그러므로 이 본문은 그리스도인들에게 정치적 권위들에 순복하고 복종하라고 가르치는 매우 드문 본문 중 하나다. 예를 들어, 성서의 관련 구절들에서 예수의 다음 말씀을 이 본문에 연결하는 것은 나의 관심을 끈다. "카이사르의 것은 카이사르에게 돌려주어라!" 그러나 사실상 그것은 당시의 정치 제도에 대한 무지에서 비롯된 오해다. 첫 번째로 결코 제1시민princeps(성서가 기록된 시대 전체를 통틀어 사람들은 황제를 그렇게 불렀다! 그는 항상 제1시민이었으며 그래서 이 시기는 역사적으로는 제1시민의 시대principat 라고 불린다)은 바실레우스basileus, 즉 왕이라는 칭호를 가진 적이 없다. 그것은 로마에서 **공식적으로 금지된** 칭호였다! 카이사르의 암살은 그러한 고발에 따른 것임을 알 필요가 있다. 그는 군주정을 세우려고 시도하였고 그것은 소란을 일으켰다. 그 소란은 충분한 이유가 있었다. 아우구스투스는 그러한 빌미를 만들지 않을 정도로 영리했다. 그는 매우 조심스럽게 행동했다. 그는 일련의 **공화주의적** 칭호들을 계승하였고 받아들였다. 그는 집정관, 호민관, 최고 사령관이었다. (임페라토르imperator, 54)는 황제로 번역되어서는 안 된다!) 또한, 그는 (종교 권력을 행사하는) 최고신관으로 명명되었다. 그러나 이 모든 것은 로마 민주정의 전통적인 칭호였다! 그는 심지어 내전의 결과로 생겨난 '비정상적인' 직무조차 무효화시키려고 한다. 예를 들면 "영구집정관제" 및 독재관이라는 칭호의 폐지가 그것이다! 그는 합법적으로 권력을 획득하고 자신을 제1시민, 즉 첫 번째 시민이라고 명명하는 것으로 만족한다. 오직 인민이 주권자이며 인민이 그 자신의 "집정관"을 제1시민으로 임명한다. 이 임명은 전적으로 합법적인 절차를 거쳐 이루어진다. 그리고 "군사 쿠데타"를 방지하기 위해 아우구스투스는 민주적 투표를 통하여 원로원에 충분한 권력을 부여하게 했다! 또한, 아우구스투스는 법률적으로는 별 내용이 없는 모호한 직함들을 받는다. 조국의 아버지, 시민의 수호자servator civium. 그러나 그는 또한 "제1의원"이기도 했다. 그것은 원로원의 첫 번째라는 뜻이다! 그리고 그는 정상적으로 기능하는 체제 내에서 공화주의 제도를 세웠다. 그의 계승자들은 그만큼 세심하지 않았고 결국 조금씩 제국을 향해 나아가지만, 그것은 결코 완전하고 절대적인 의미에서가 아니었다. 그리고 그들은 결코 왕이라는 칭호를 가져 본 적이 없다. 그러한 칭호를 수여하거나 암시하는 것은 완전히 금지되었다. 그러므로 베드로전서 기자는 그 서신에서 로마의 황제를 겨냥하여 말한 것이 결코 아니었다.

---

54) [역주] 로마 시대에 임페라토르는 황제가 아니라 '개선장군'을 의미했고 황제의 공식 명칭은 '카이사르 아우구스투스(존엄한 카이사르)' 였다.

자, 여기서 나는 매우 아슬아슬한 시도를 한번 해 보려고 한다! 그리고 거기에 따르는 것은 하나의 순수한 가정이다. 로마에는 정당들이 존재했다. 그러나 1세기 무렵에는 지배적인 하나의 철학을 기초로 한 단일한 하나의 정당이 발전한다. 이 철학은 다음과 같은 것이다. 세상의 제국들은 하나의 순환하는 생명이 있다는 것이다. 다시 말해, 하나의 정치적 힘이 태어나서 자라고 전성기에 도달하며 그 순간부터는 더는 자라지 않고 따라서 당연히 쇠퇴하게 된다. 그것은 해체의 과정을 겪게 되는 것이다. 그런데 모두가 아는 바대로 세상의 모든 제국의 운명이 그러하다면 로마도 그러할 것이라고 사람들은 말한다! 물론 1세기 로마의 작가들은 스페인에서 페르시아, 스코틀랜드에서 사하라 그리고 남이집트에 이르기까지 지배하던 로마가 힘의 정점에 도달했으며 더 이상은 자랄 수 없어 결국 쇠퇴하기 시작하리라 생각했다! 그것은 베르길리우스 또는 티투스 리비우스가 증언하는바 영광과 열정의 시대 이후의 철학자들과 작가들에게서 나타나는 생각이었으며 그렇기에 이 시대를 어두운 비관주의의 시기라고 부른다. (잘 알려지지 않은 작가들 역시 당연히 그러했다.)

그러나 거기에 다음의 생각이 덧붙여졌다. 대제국(이집트, 바빌론, 페르시아…)이 붕괴할 때마다 그것을 대체할 새 제국이 나타난다. 당시 로마가 멸망시키지 못한 유일한 적수는 새 영토를 정복하며 끊임없이 권력을 확장하고 있던 파르티아였다. 그리고 지성인들 및 '지도층' 인사들로 이루어진 한 정당이 나타나 매우 진지하게 파르티아 제국이 로마를 대체하리라 예측하였다. 그들 중에는 그것이 "역사를 주관하는 신의 뜻"이라고 생각하며 그러한 생각을 전파하고 경우에 따라 파르티아를 지지할 수도 있는 하나의 정당을 세우고자 하던 사람들까지 있었다! 그런데 파르티아인들은 사실상 왕의 지배를 받고 있었다. 어떤 사람들이 생각하는 바로는 '왕'을 위한 기도들에서 왕이 의미하는 것은 바로 파르티아의 왕이며, 당시 그것은 금지된 것이었다! 그것이 금지된 것이 아니었다 할지라도 (물론 어떤 역사가들은 이러한 생각에 이의를 제기한다.) 우리의 베드로전서 본문은 전혀 다른 의미를 내포하고 있다. 그것은 왕이라는 이름으로 황제를 칭하며 그를 기리거나 로마의 왕을 위해 기도하라는 뜻이 아니다! 두 번에 걸쳐 왕을 언급하면서 베드로는 어째서 파르티아의 왕이라고 적시하지 않았던 것일까? 그 어떤 경우에도 이 본문은 완전히 반역적이다.

그러나 그는 어떤 다른 권력을 지지했던 만큼 그것은 당시 로마의 정치 권력만을 겨냥한 것이었으며 국가 자체를 겨냥하여 말한 것은 아니었다. 그럼에도, 이 본문은 수동적이거나 복종적인 것과는 거리가 멀었던 당시 그리스도인들의 일반적인 정치적 태도에 속하는 것으로 다음의 세 가지로 요약될 수 있다.

- 정치적 무관심이 아닌, 정치권력의 정당성을 인정하기를 거부하거나 경멸하는 태도
- 일반적으로 정치권력을 부정하는 태도
- 로마 권력을 단죄하는 태도

로마군이 예루살렘을 점령하고 성전을 파괴하며 유대 정부의 자율성을 말살하고 이 유대 전쟁 중에 대학살을 자행했을 뿐만 아니라 예루살렘 기독교회를 제거한 주후 70년 이후 정치권력에 대한 그리스도인들의 적대감이 로마로 집중되었음은 자명하다!

5. 바울

결국, 우리는 바울의 본문들에 도달한다! 그러나 당시 그리스도인들의 일반적인 상황을 우선 살펴보아야 한다. 나는 잘 알려졌든 그렇지 않든 다음의 본문들을 인용하려고 한다. "모든 사람은 위의 권위들에 순복하십시오. 왜냐하면, 모든 권위는 하나님으로부터 온 것이며 존재하는 권위들은 모두 하나님이 세우신 것이기 때문입니다. 권위에 저항하는 사람은 하나님이 세우신 질서에 저항하는 것이며 그 자신이 정죄 받음을 자초하는 것입니다. 선한 행위에 대해서 뿐만 아니라 악한 행위에 대해서도 관리들은 존경받아야 합니다. 관리는 여러분의 선을 위한 하나님의 종입니다. 그러나 여러분이 악을 행하면 두려워하십시오. 왜냐하면, 그가 헛되이 검을 가진 것이 아니며 하나님의 종으로서 악을 행하는 자를 처벌하고 응징하기 위해서이기 때문입니다. 그러므로 처벌의 두려움에서 뿐만 아니라 양심의 동기에 의해 순복할 필요가 있습니다. 세금을 내는 것도 마찬가지입니다. 왜냐하면, 관리들은 전적으로 그것을 하기 위해 세워진 하나님의 종들이기 때문입니다. 그들에게 내기로 되어 있는 것은 모두 내십시오. 세금을 내야 한다면 세금을, 공물을 내야 한다면 공물을, 두려워해야 하는 사람에게는 두려움을, 명예로워야 하는 사람에게는 명예를 돌려주십시오."롬8:1-7

그리고 디도서 3장 1절, "관리들 및 권위들에 순복하고 순종하며 모든 좋은 일에 쓰일 준비를 하라고 말하십시오." 이것들은 성서 전체를 통하여 순종을 강조하고 권위에 순종하라고 말하는 유일한 본문들이다. 이 두 본문은 당시 그리스도인들 사이에 우리가 가치를 부여하는 주된 사조와 대비되는 어떤 "역逆사조"가 있었음을 보여준다. 베드로후서 2장 10절, "권위를 경멸하는 사람들"에 대한 정죄가 거기 있다. 그리고 유다서에는 역시 "망상에 사로잡혀 있는" 사람들을 정죄한다. 그러나 이 본문들의 성격은 모호하다 말하지 않을 수 없다. 여기서 말하는 권위는 도대체 무엇인가? 모든 권위는 하나님에게 속한다고 줄기차게 말하고 있다는 것을 잊어서는 안 된다.

마지막으로 디모데전서 2장 1-2절은 말한다. "그러므로 무엇보다 모든 사람, 모든 왕 그리고 모든 존경받을 자들을 위해 기도하고 간청하며 청원하고 은혜의 행동을 하십시오. 이는 우리가 평안하게 모든 경건 및 정직함으로 조용히 살 수 있기 위해서입니다."

그러므로 여기 바울의 또는 바울에 영감을 받은 본문들의 묶음이 있는데, 이것들은 우리가 방금 다룬 모든 것에 대한 역逆사조로 보인다. 그것이 제기하는 문제는 완전히 이해 불가능한 것이다. (또는 슬프게도 너무나 이해 가능하다.) 3세기부터 제기된 문제를 쉽게 잊어버리곤 하는 우리에게 잘 알려진 대부분의 신학자는 바울의 로마서 8장을 권위에 완전히 복종하라는 의미로 설교했다. 그리고 그것은 그 구절들의 컨텍스트가 어떠한 것이었는지조차 살펴보지 않은 것이었다. (바로 우리가 하려는 것이 그것이다.) 그들은 오직 한 가지만 붙들었다. "모든 권력은 하나님에게서 온 것이다." 이는 앞으로 열여섯 세기 동안 교회와 국가가 협력하는 데 있어 중심 사상이 된다. "모든 권력은 하나님에게서 온다.Omnis Potestas a Deo" 때때로 대담한 신학자들은 "민중에 의해per populum" 란 표현을 덧붙였으나 그것은 그 명령법에 붙은 사족일 뿐이었다. 모든 권력이 하나님에게서 온 이상 하나님에게 하듯 권력에 순종하여야 한다. 그리고 폭군과 관련된, 때때로 난처함에 빠진 상당수의 신학자는 우리에게 기이함마저 느끼게 한다. 권력을 행사하는 사람이 합법적이고 정당하고 평화롭기만 하다면 또한 도덕적이고 합리적이기만 하다면 그의 권력은 하나님으로 온 것이라고 설명하는 궤변에 빠졌던 것이다. 그러나 이 모든 것은 단순한 일반 명령은 결코 될 수 없다. 종교개혁의 시기에조차. 농민전쟁에서 루터는 이 본문을 근거로 독일의 영주들에게 반란을 진압하라고 권고하였다. 특히 칼뱅은 왕이 교회를 공격할 경우를 제외하고는 항상 정당하다고 주장한다. 권위가 그리스도인들이 자유롭게 예배를 드릴 수 있도록 내버려둔다면 더 말할 나위가 없다. 그러므로 그것은 초기 그리스도인들의 생각에 대한 믿을 수 없는 배신이며 이 배신은 곧 순응주의적 경향 및 순종의 편리함에서 비롯된 것이라고 나는 말하겠다. 그것이 무엇이든 이 방대한 본문들로부터 사람들이 붙들어온 유일한 규칙은 "모든 권력은 하나님에게서 온다omnis potestsa a Deo"라고 하는 네 개의 단어뿐이다! 우리는 바울의 이 본문들을 돋보기를 좀 더 가까이 대고 들여다볼 것이다.

* * *

첫 번째 할 일은 **다른 모든 성서 본문과 마찬가지로**(그리고 모든 다른 본문들과 마찬가지로!) 하나의 설명 전체로부터 일부의 구절들을 골라내기를 거절하는 것, 또한 이 구절들이 어떠한 콘텍스트에서 비롯되었는지 생각해 보는 것이다. 그러므로 이 전체에 대해 살펴보자. 바울이 로마인들에게 보낸 서신의 첫 대단원은 유대인들과 그리스도인의 관계에 대한 긴 연구로 11장에서 끝난다. 12, 13, 14장은 새로운 주제로 시작한다. (그 가운데 우리의 본문이 있다.) 그리고 이 긴 본문은 다음의 말로 시작한다. "현세에 순응하지 말고 여러분의 지성을 새롭게 함으로 변화되십시오…." 그러므로 **바울의 본질적인 일반 명령은 순응주의자가 되지 말며** 시류나 유행 또는 그리스도인들이 사는 사회의 사조에 순종하여 '시류'를 따르지 말고 '변화' 되라는 것이며, 여러분의 지성을 새롭게 함으로써 '새로운 존재' 가 되라는 것이다. (하나님의 뜻과 사랑에서 비롯된 전혀 새로운 관점에서 사고하라!) 그것은 다음의 명령 바로 뒤를 이은 또 다른 명령임이 분명하다. "정치적 권위들에 순종하십시오!" 그리고는 사랑에 대한 긴 가르침을 시작한다. 교회 안에서 그리스도인들의 사랑, 모든 사랑을 위한 사랑 롬12:3-8, 원수를 위한 사랑으로 (자신의 손으로 절대 보복하지 말라는 명령, 박해하는 자들을 축복하라)롬12:9-13 그 안에 모든 사람을 위한 사랑롬12:14-21이 발견된다. (모든 사람과 더불어 화평하라.) 그리고는 권위에 대한 우리의 본문이 시작된다.

그리고 사랑에 대한 가르침은 또한 다음과 같다. 모든 계명은 사랑의 계명을 요약한 것이며 "아무에게도 악을 행하지 마라."롬13. 8-10 그리고 14장은 마치는 장으로 각종 행동을 예로 들면서 사랑의 "실천"을 자세히 설명한다. (손님접대, 심판하지 말 것, 약한 자를 도움 등) 그러므로 이러한 것이 일반적인 범주이며 이 범주 안에 권위에 대한 우리의 본문이 자리한다. 날카로우나 이상한 몇몇 주해들은 이 본문이 사실상 "가필"이며 바울이 쓴 것이 아니라고 말한다! 그러나 내 생각에는 확실히 그가 쓴 것이 맞다! "…를 사랑하여야 한다"는 식의 문구는 친구, 이방인, 원수 등을 대상으로 하여 계속되며 바로 이 자리에 권위들에 대한 단락도 자리한다! 다시 말해, 너는 네 원수를 (믿음 안에서) 사랑하여야 한다. 물론 또한 권위들을 존중하는 것까지 하여야 한다! (그는 그들을 사랑하여야 한다고 말하는 것이 아니라 그들의 명령을 수용하여야 한다고 말한다.) 이 권력들은 하나님의 의해 그 권력에까지 이른 것임을 상기하여야 한다! 그렇다! 악하고 광기 어린 왕이었던 사울의 이야기를 상기하자. 그 역시 하나님에 의해 권력에 도달한 왕이었다! 그러나 그것은 그가 선하고 의롭고 사랑스러웠음을 뜻하는 것이 절대 아니었다! 그 구절에 대하여 뛰어난 주석가들 중 하나였던 마이요A. Maillot는 그 구절을 12장의 마지막에 직접 갖다 붙인다. "악에 정복당하지 말고 선으로 악을 극복하십시오. 모든 사람은 [그러므로] 위의 권위들에 순복하십시오." 이는 다시 말해 바울이 국가, 황제권력, 권위들에 적대적이었던 초기의 기독교회와 마음을 같이하고 있으며, 그렇기에 바울은 이 본문을 통하여 권위에 대한 교회의 적의를 누그러뜨리려 하고 있다는 것이다. 바울은 교회에게 말한다. "권위들 역시 사람이며 [추상적인 국가 개념은 존재하지 않는다.] 권위자들은 그 자체로 권위를 받아들이기도 하고 존중하기도 합니다." 그럼에도, 바울의 충고에서는 엄격하게 제한하는 것이 하나 있다. 그가 "내기로 되어 있는 것은 모두 내십시오. 세금을 내야 한다면 세금을, 공물을 내야 한다면 공물을, 두려워해야 하는 사람에게는 두려움을, 명예로워야 하는 사람에게는 명예를 돌려주십시오"라고 말할 때 그것을 세금에 대한 예수의 대답에 연결하는 것은 잘못이 아니다. 그리고 여기 그 해석은 명백하다. 여러분이 빚진 것은 두려움도 권위들 및 관리들에 대한 명예도 아니다! 두려워해야 할 대상은 오직 하나님뿐이다. 명예를 돌려 드려야 할 대상은 오직 하나님뿐이다. 나는 이 챕터의 마지막에 부록을 하나 붙였는데 거기에는 이 본문에 대한 두 개의 주해가 있으며 그것들은 나은 주해 중에서도 가장 나은 것들이다.

* * *

지금부터 살펴볼 것은 세 가지 쟁점이다. 첫 번째 쟁점은 전혀 어렵지 않고 이미 우리가 다룬 것으로 세금의 납부에 대한 것이다. 그리스도인들은 이 세금을 거절하지 않아도 된다. 그것이 전부다. 두 번째는 더욱 놀라운 것이다. 그것은 권위들을 위한 기도다. 우리가 본바 바울의 본문은 "왕들을 위해" 기도하기를 권고하는데, (왕이 아니라 왕들이라는 것은 베드로전서와 같은 식으로 분석할 수 없다는 것을 의미한다.) 이는 다시 말해 하나의 권위 하나의 정부를 가진 모든 사람을 위해 기도하라는 것이다. 그런데 다음 본문은 앞서 설명하였던 것을 더 확실히 해 준다.

바울은 사실상 다음과 같이 말한다. "모든 사람을 위해, 왕들을 위해 그리고 존귀한 신분의 사람들을 위해 기도하십시오." 그러므로 이것은 "모든 사람을 위해 기도하는 것"의 어떤 특정한 경우며, 정말로 그렇다! 왕을 위해서조차 그리고 관리들을 위해서조차 그렇게 하라니 말이다! 여러분은 그들을 싫어하겠지만 그럼에도, 그들을 위하여 기도하라! 왜냐하면, 아무도 하나님의 사랑의 부름에서 비롯된 중보로부터 예외가 되어서는 안 되기 때문이다. 이는 절대적으로 미친 짓처럼 보일지도 모르겠지만, 나는 히틀러에 맞서 레지스탕스 운동에 깊숙이 참여하며 그를 죽이려고 공모하기까지 하면서도 그를 위해 기도하던 독일 그리스도인들에 대하여 알고 있다!55) 우리는 정적을 절대적으로 죽이려 할 수는 없다. 그러나 확실한 것

---

55) 1936년부터 히틀러에 맞선 레지스탕스를 조직했던 유일한 독일 사람들이 고백교회(Bekenntiss Kirche)의 독일 개신교인들이었음을 상기하는 것은 아마 불필요한 일은 아닐 듯싶다.

은 그들을 위한 기도가 확실히 떼 데움Te Deum, 56)은 아니라는 것이다! 우리의 기도는 권력이 번영하라거나 승리하라거나 보전되라는 기도가 아니다! 그것은 그들이 "돌이키도록"(그 말의 뜻은 행동을 바꾼다는 것), 폭력과 폭정을 그만두도록 그리고 진실해지도록 기도하는 것이다. 그러나 우리가 기도하는 것은 그를 위해서도 그에 맞서서도 아니다. 그리스도 신앙에서 그것은 그의 구원을 위해 기도하는 것인 만큼! (그것은 확실히 다음과는 관계없다. "황제의 구원을 위하여 기도합시다.") 그리고 이 기도는 인간적인 관점에서 볼 때 개전의 여지가 전혀 없을지라도 드려져야 한다! 권위들에 대한 존중 및 그들을 위한 기도를 말한 이 본문들은 거의 확실히 네로의 첫 기독교 박해의 시기 또는 그 이후에 쓰였음을 잊어서는 안 된다. 로마서 13장에서 그리스도인들에게 바울이 말했던 것은 아마 다음과 같은 의미일 것이다. "여러분은 이 박해들을 당하고 있고 반란을 일으킬 수도 있지만 그렇게 하지 말고 권위들을 위하여 기도하십시오. 여러분의 진정한 무기는 하나님께 여러분의 사정을 아뢰는 것입니다. 왜냐하면, 오직 그분만이 지고한 정의를 행사하시는 분이기 때문입니다."

* * *

마지막으로, 슬프게도 3세기 이후의 교회들 및 기독교 세계는 이 본문들을 오해하였고 그렇기에 나는 삼십여 년 전에 이루어진 한 연구57)를 상기하지 않은 채 이 본문들에 대한 고찰을 끝낼 수 없을 것 같다. 이 연구에

---

56) [역주] 왕이나 황제의 대관식 때 부르는 라틴어 성가로 왕과 교황 그리고 그들에게 권력을 준 하나님을 찬양하는 노래.
57) O. CULLMANN : *Le Salut dans l' Histoire*, Delachaux, 1966.

서 사용된 단어는 헬라어 "엑수시아이exousiai"로 사실상 권위들을 의미한다. 그리고 그것은 공적인 권력 전체를 지칭하는 단어다. 그러나 신약성서에서 이 단어는 하나의 다른 의미로 사용되었다. 엑수시아이exousiai는 추상적, 영적 종교적 성격을 가진 "힘들"을 지칭한다. 바울은 하늘에서 군림하는 이 "엑수시아이"에 맞서 투쟁할 필요가 없다고 말한다. 예를 들어, 천사들이 바로 엑수시아이라고 생각할 수 있다. 쿨만Cullmann, 58)과 덴 D. Dehn 은 다음과 같이 생각했다. "같은 단어를 사용하는 만큼 거기에는 어떤 연관성이 존재한다!" 이는 다시 말해서 신약성서의 본문들은 땅의 정치적 군사적 권위들이-그것들은 악하고 마귀적일 수 있는 만큼 "하늘의" 권위들이라고 부를 수 없다-영적인 힘들과의 관련성 안에서 세워졌다고 생각하게끔 한다는 것이다. 이 영적인 엑수시아이의 존재는 정치권력들의 보편성을 설명해주었으며 또한 놀랍게도 사람들은 그것들을 당연히 존재하는 것으로 알고 순종한다! 그리고 그것은 다스리는 자들에게 영감을 주는 영적인 권위들이다. 그런데 이 권위들은 선하거나 악하고, "천사 같거나 악마적"이다. 땅의 권위들은 누군가의 손에 떨어진 존재다.땅의 권위들은 영적인 권위들로부터 권력을 위임받은 존재다-역주 그러므로 로마서의 구절들에서 바울이 다음과 같이 쓸 수 있다고 이해할 것이다. "**지금** 존재하는 권위들은 하나님에 의해 세워진 것입니다." 그리고 그 반대로 모든 개신교 신학자들은 1933년부터 히틀러의 국가를 "악마화 된", 어떤 악마적인 힘의 손에

---

58) [역주] 오스카 쿨만(Oscar Cullmann:1902 ~ 1999), 스트라스부르 태생의 신학자이자 주석가, 신약학자로 초기 기독교회 연구 및 구속사 연구의 대가이다. 그는 스트라스부르 대학 개신교 신학부 및 바젤 대학교, 파리 고등실천학교, 소르본느 대학교 그리고 파리 대학교의 교수였다. 또한, 세계교회협의회의 멤버이자 교황 바오로 6세의 친구로 바티칸 II 에 옵저버로 참여하였다.

떨어진 국가라고 서술했다.

내가 상기하는바 첫 세대 그리스도인들의 태도는 완전히 단일한 것만은 아니었다. 국가를 파괴하고자 했던 거대한 사조의 옆에 모호한 하나의 사조가 존재했다. (그러나 무조건 국가에 순종하고자 했던 사조는 **결코** 아니었다!) 나에게 가장 중요한 것은 다음이다. 바울은 골로새서 2장 13-15절에서 악과 죽음에 대한 예수의 승리에 대하여 다음과 같이 말한다. "그리스도께서는 그들의 힘으로부터 **모든 지배와 권위를** 무력화하시고 그들을 공개적으로 구경거리가 되게 하셨으며 십자가를 통하여 그들로부터 승리하셨습니다." 그것은 근본적이다. 우리가 알다시피 무죄한 자를 십자가에 못 박은 것은 권위들의 악을 폭로한다. 바울은 여기서 한발 더 나아간다! 그리스도 사상에 있어 그리스도의 십자가 죽음은 모든 힘 – 하늘에서든 지옥에서든 (내가 말하고자 하는 것은 그들의 존재 여부가 아니라 그 시대의 확신에 대한 것이다) – 에 대한 그의 진정한 승리다. 왜냐하면, 오직 그만이 완전히 하나님의 뜻에 순종하였으며 오해scandale에 연루되어 정죄와 죽임을 당함마저 받아들였기 때문이다. (예수는 자신이 당하는 일을 전혀 이해하지 못한다. 나의 하나님, 어찌하여 나를 버리시나이까?) 그는 자신의 이해와 자신의 사명을 의심하지만, 하나님의 뜻은 의심하지 않고 절대적으로 그것에 순종한다. 비그리스도인은 하나님 앞에서 오해로 가득 차 이러한 죽음을 그에게 요구한다…. 그러나 문제는, 사랑은 어디까지 갈 수 있는가? 누가 그 자신의 죽음에 이르기까지 절대적으로 하나님을 사랑할 것인가? 이다. 그것은 이미 시험이며 아브라함에게서 끝난 것이고 또한 욥을 시험하여 일으킨 분노이기도 하다. 다만, 예수만 끝까지 순종하였다. (순종하지 않을 완전한 자유가 있음에도!) 그리고 인간의 한계를 넘어 하나님을 사랑한 이것 때문에 그는 인간들의 힘을 "무력화했다!" 이제 세상을 지배하는 귀신들은 다시는 없으며 독립적인 "엑수시아이"도 없다. 이제 그것들은 완전히 그리스도에게 종속되었다. 그때로부터 그들은 당연히 다시는 반역할 수 없으며 무엇보다도 정복을 당한 것이다. 그리고 정치적으로 그것이 의미하는 바는 정치권력 옆에 또는 그 너머 기생하던 엑수시아exousia가 정복당했으며 그 결과 **정치권력은 결코 이전의 지위를 가질 수 없고** 항상 상대적일 뿐이며 상대적일 뿐인 이것으로부터 기대할 수 있는 것은 아무것도 없는데다 더는 문젯거리도 되지 않는다는 것이다! 여기 그 형식을 얼마나 상대화시켜야 하는지 보여주는 바울의 구절이 있다. "(사람들이 절대화해 온) 모든 권력은 하나님에게서 온 것입니다." 그렇다! 그러나 모든 권력은 그리스도 안에서 정복되었다!

칼 바르트K. Barth 와 알퐁스 마이요A. Maillot의 로마서 8장 1-2절 해석

나는 모든 신학자 및 교회가 이 본문을 국가에 대한 절대적인 진리로 해석하는 데 일치하는 것은 아님을 보여주기 위해 중요한 두 저자의 각각의 해석을 매우 간략하게 소개하려 한다!

1. 칼 바르트

1920년 그의 신학적 선언이었던 위대한 『로마서 해석』에서 그는 사회를 위해 필수불가결한 질서가 존재하며 정치 제도들은 이러한 질서의 일부분이라고 전제하며 논의를 시작한다. 질서를 전복하는 것은 잘못된 것이다. 본문이 말하고자 하는 것은 그러므로 다음과 같은 것이다. "혁명을 반대함." 그러나 그렇게 말하는 것은 그 자체로 제도들의 "정당하지 못함"을 의미하는 것이다. 하나님의 질서를 찾는 우리는 모든 기존질서의 불의함을 확인한다. 문제가 되는 기존질서는 질서의 나쁜 면이 아니다. 그것은 정의를 향한 의지에 상처를 입히는 사실이다. 모든 권위는 그 조건들 내에서 하나의 독재가 된다. 그럼에도, 혁명적 인간은 사실상 악에 의해 정복당한다. 왜냐하면, 그 역시 그 자체로 정의를 대표하고자 하며 즉시 독재로 변함으로써 정당성을 찬탈하기 때문이다! 악은 악에 대한 대답이 아니다. 기존질서에 의해 침해된 정의의 감정은 그것의 파괴로 복구되지 않는다! 혁명가는 그 영혼 안에 "불가능한 가능성" 즉, 진리, 정의… 죄의 용서, 형제적 사랑, 죽음으로부터의 부활…을 가지고 있었다. 그런데 그는 또 다른 혁명을 일으켰다! 그것은 증오의 가능한 가능성, 복수, 파괴에서 비롯된 혁명이다! 그는 **진정으로 혁명을 꿈꾸었으나 일으킨 것은 다른 것**이었다! 우리의 본문은 기존질서를 위해서는 어떠한 말도 하지 않지만, 기존질서의 모든 적을 거절한다! 왜냐하면, 오직 하나님만이 기존질서의 불의함에 대한 정복자로 확인되기 원하기 때문이다. "권위에 순복함"에 대하여 권고하자면 그것은 순전히 부정否定의 표현이다. 그것은 하나의 철수이며 참여하지 않는 것, 연관되지 않는 것이다. "혁명이 항상 기존질서에 대한 (정의로운) 단죄일지라도 그것은 어떤 상황에서도 반란의 행위여서는 안 된다. 그것이 촉발하는 갈등은 하나님의 질서와 기존질서 사이의 갈등이다." 결국, 반란은 항상 기존질서와 같은 성격을 가진 하나의 질서를 재구축하며 그렇기에 이렇게 말할 수 있다. "회심하라. 하지만, 더는 반역자는 되지 마라." "순복하라는 말은 인간의 정치적 계산이 **그 자체로** 얼마나 거짓된 것인지 잊으라는 말이 아니다."

그런데, 하나님의 혁명이 진정한 정의를 입증하므로 기존질서를 무너뜨리려면 바르트가 여기서 말한바 **어떠한 환상도 없이** 그것을 인정하는 것이 필요하다. 왜냐하면, 모든 "국가, 교회, 사회, 긍정적인 정의, 가족, 학문은 끊임없이 헌금 및 장엄한 속임수들을 통하여 공급되어야 하는 인간의 신앙에 의지하기 때문이다.(원문대로 옮김). 이 모든 제도로부터 그 열정을 빼앗으면 그들은 기근에 시달리게 될 것이다." (우리는 여기서 예수의 태도에서 밝혀낸 방향성을 다시 발견한다.) "혁명에 반대하는 것은 진정한 혁명에 대한 가장 나은 준비다." (칼 바르트에게 그것은 하나님의 뜻이며 하나님의 나라다.) 마지막으로 모든 것에 우선하는 우리의 본문은 그 자체로 하나의 전제조건이다. 바르트가 말한 바로는 그것은 외형적으로는 질서의 기초다. 그것은 "인간에게 주어진 모든 권위는 하나님에 의해 한정되어 있으며 그것은 그의 시작이자 그의 마침, 그의 의롭다 하심이자 그의 정죄 하심, 그의 긍정이자 그의 부정이라는" 것이다. 하나님은 기존질서 안에서 악한 것이 정말 악하다고 할 유일한 기준을 가진 분이다. 그러므로 우리는 이 질서를 긍정적으로 정당화하기 위하여 하나님을 구실 삼을 권리가 없다! 그것은 하나님으로 하여금 우리를 섬기는 자가 되게 하는 것이다. 왜냐하면, "기존의" 것들은 오직 하나님 앞에만 놓이기 때문이다. 본문은 (기존의/한정된) 질서를 오직 하나님의 눈앞에 놓는다. 그것은 권위들에 대한 모든 열광, 의롭다 함, 환상, 열정 등등을 걷어버린다! 그리고 칼 바르트는 (매우 자유롭게!) 12장 10절을 인용한다. 하나님은 "정의를 세우는 것은 내가 할 일"이라고 말한다. 그것은 하나님의 준엄한 권위 외에 다른 권위를 인정하지 않는 것이며 또한 지난 세월 동안 교회들이 국가에 경의를 표하며 인간의 대의를 배신하였던 역사를 되풀이하지 않는 것이다! 진정한 혁명은 오직 하나님으로부터 비롯된다. 인간 혁명가는 인간의 힘으로 새로운 창조를 하고자 하며 선하고 형제사랑에 충만한 새로운 사람을 만들어내고자 하지만, 이는 하나님의 유일한 정의(또한, 의롭다 하심)와 인간의 기존질서에 대항하여 하나님만이 세울 수 있고 세우기 원하는 질서를 인정하지 않는 것이다.

2. 알퐁스 마이요

마이요는 칼 바르트 급의 신학자는 아니지만 뛰어난 성서 주석가다. 그는 이전과는 완전히 다른 관점을 제시한다. 마이요는 매우 재치 있는 질문으로 시작한다. "반ᄌ율법주의적" 저작들을 통하여 오경이 더는 유효하지 않으며 유일한 "율법"은 사랑이고 예수가 한 일은 인간의 해방이었다고 주장하는 바울이 사회 및 정치 제도에 관련되어 어떻게 율법주의자이자 법률주의자가 될 수 있겠는가? 바울의 주장인즉, 정치 구조는 하나님의 뜻에서 벗어날 수 없으며 하나님에게 순종함을 방해하지 못한다는 것이다. 만일 국가가 우리를 악으로 이끈다면 그것을 거절해야 하지 않겠는가. 바울은 모든 마니교적인 선악 이원론을 거절한다. 어떤 사람들이 하나님의 손안에 있지 아니한 세상이 있다는 것은 어불성설이다. 국가의 우두머리, 관리들 등은 그들의 의도가 어떠한 것이건 간에 하나님의 손안에 있다! 또한, 바울은 다음의 본문에서 말한다. "현존하는 권위들은…." 그러므로 마이요에게 있어 그것은 그 시대의 권위들을 뜻한다. 모든 **역사**를 통틀어 "유효한" 것은 아니라는 말이다! 그러므로 그리스도인의 의무는 그가 진리라고 믿는 것을 증언하는 것이다. 이는 권위들이 하나님의 손안에 있기 때문이며, 우리가 정의롭다고 믿는 것을 말하고자 한다면 바로 이 권위들에게 말해야 하기 때문이다. (물론 그들이 말할 가능성은 매우 희박하다.) 그리고 바울이 강제에 의해서 뿐만 아니라 양심의 동기에 의해서 순종하여야 한다고 말할 때 그것의 의미는 우리의 순종이 맹목적인 것도 체념에 의해서도 아니어야 한다는 것이다! 왜냐하면, 양심은 우리에게 불순종을 명할 수도 있기 때문이다. (베드로는 사람에게 순종하는 것보다 하나님에게 순종함이 옳다고 말한다.) 그러나 이러한 동기를 정치 제도에 속한 인간들은 이해할 수 없을 것이다.[59]

---

[59] 전형적인 예로 마이요는 양심에 의한 병역의 거부에 관한 법령이 부조리하다고 말한다:

그러나 마이요의 저작 중 가장 중요한 것은 결국 이것이다. 바울은 자신이 이미 여러 번 투옥되었다고 썼다. "그는 정치적 인간들과 순진한 사람들을 혼동하지 않는다!" 그리고 그는 로마 당국에 의해 죽임을 당한다. "바울의 어려웠던 삶과 죽음은 이 8장을 율법에서 자유롭게 한다." 다른 한편으로 마이요는 이 8장을 서신의 일반적인 콘텍스트에서 이해하려 하나 나로서는 이해하기 어려운 것이 그 배경이 상당히 모호하기 때문이다. 바울의 서신은 완전히 "인류-역사에-있어서의-하나님의-구원의-正義"를 보여주려는 시도라는 것이다. 그리고 바울은 인간 현실의 모든 면면 속에서 그것을 보여주려 한다. 거기에는 역사를 만드는 교회 및 이스라엘 백성(바울은 줄곧 그것에 대해 말한다) 외에는 없다! 정치도 있고 인간 사회도 있지만, 바울은 여기서 하나님 계획의 일부인 이 '폴리스' 하나님의 도성으로서의 교회 및 이스라엘 백성-역주가 하나님의 뜻과 동떨어져 있지 않으며 그의 구원의 정의에 참여할 수 있음을 말하고자 한다. 마이요는 때때로 그리스도인들과 비그리스도인들의 마주침은 그리스도인이 된 이방인 관리의 체제하에서 필수적이었던 것으로 보였음을 강조하며 묻는다. 재판관이면서도 그리스도인이, 세금징수원이면서도 그리스도인이 될 수 있는가? 사실 바울은 "시위대 사람들"빌1:13과 "카이사르의 집 사람들"빌4. 22에 대해 말한다. 그들의 직업은 무엇이었는가? 의심의 여지없이 그리스도인 로마 공무원은 영적인 어려움에 직면해 있었을 것이다! 그리고 마이요는 구체적으로 우리가 앞서 다룬 주제를 강조한다. 그것은 권력에 대한 초기 그리스도인들의 일반적인 문제제기다. 그러므로 바울은 여기에 좀 더 강조점을

용어 자체에 모순이 있다는 것이다:어떤 사람은 자신의 양심에 따른다고 하고 또 어떤 사람은 선하게 기능 하는 군대를 원한다고 한다! 그러므로 이것은 제대로 이해할 수 없는 모호한 표현이다.

'덧붙이기를' 원한다. "사회구조, 관리들 그리고 네로까지도 하나님의 정의의 역동성 안에 포함되었으며 그것은 이스라엘 또는 교회와 다른 방식으로 그러했다. 그것은 마귀가 아니라 마지막의 때 하나님으로부터 비롯된 것이었다. 그러므로 그리스도인들은 그것을 거부하지 않아도 된다…." 마이요는 강조한다. "그럼에도, 바울은 악마로부터 조종당하는 체제에 대해서는 어떠한 대답도 하지 않으며, 그렇지 않으면 관리는 '항상 선을-위하여-일하는 사람'이다." 그리고 그가 "악을-위하여-일하는-사람"이 된다면 우리는 그와의 관계를 다시 생각해보아야 할 것이다. 어떤 경우에도 "진정한 순종은 어떤 다른 순종을 베끼는 데 있지 않다!"

양심에 의한 거부자들[60]

지금까지 우리는 본질적으로 내가 말한바 첫 세대의 그리스도인들의 견해와 입장을 뒷받침하는 성서 본문들을 고찰했다. 그것이 어떤 개인의 증언이나 견해가 아닌 것은 이 본문들이 교회 다수에 의해 인정된 "거룩한 책"에 속하는 것이기 때문임을 잊어서는 안 된다. (공의회가 의결한 것이 아니라! "기초"적인⋯ 사조에 따른 것이다!) 여기서 우리는 첫 3백 년간 "반역의 시민"이었던 그리스도인들이 가졌던 사상을 실제로 적용할 것이다. 양심에 의한 거부 문제를 다루기에 앞서 극단적인 갈등의 쟁점이자 간과할 수 없는 여러 문제점을 지나칠 수는 없다. 우선 2세기부터 기독교 사상의 모든 비판 중 켈수스는(그의 연설 원본에서), 그리스도인들은 "인간이라는 종류의 적"이며 그들이 로마의 평화라 불리는 로마의 질서에 반대했고, 그렇기에 로마가 낳은 이 "인간 종류"를 증오했다는 생각을 발전시킨다.

두 번째 언급은 좀 더 나중의 것으로 기독교가 소종파로 제국에 침투하여, 그리스도인들이 관리가 되거나 군대의 장이 되어 제국을 안으로부터 약화시킨다는 고발에 대한 것이다. 그리고 그것은 배교자 율리아누스 황제가 탄식한 이유였다. 한 세기 전부터 로마의 행정 조직은 퇴보했으며 로

---

[60] 이 단락에서는 J.-M. HORNUS의 놀랄만한 저작을 요약하는 것으로 만족할 것이다: *Evangile et Laborum*, Lalo, 1960.

마의 군대는 전선에서 패배를 거듭하였는데 그 모든 것이 그리스도인들 때문이라는 것이다. 그리고 여기서 율리아누스는 우리에게 더는 효력이 없는 한 예를 제시한다. "그리스도인들이 사람들에게 더는 로마의 전통적인 신들을 존경하거나 섬기지 못하게 하여 그들이 로마를 버리게 되었으니 이것이 바로 로마가 쇠퇴하게 된 이유로다. 예전의 신들에게로 돌아오라. 그리하면 로마는 그 위대함을 되찾을 것이다!" 이 이야기는 이쯤 하겠지만, 제국 후기의 모든 역사가가 알고 있던 정확한 사실은 그리스도인들이 정치문제에도 군사문제에도 더는 관심을 두지 않았다는 것이다!

이는 다음의 두 수준에서 그러하다. 첫 번째로, 수백 년간 모든 로마의 지성인들은 도시와 제국의 법제도와 조직을 만들고 발전시키는 데 전념했다고 알려졌다. 그런데 3세기부터 이 제국의 지성인들은 그런 부분에 전혀 관심이 없었고 신학에 열의를 가졌던 것이다! 두 번째로, 그리스도인들은 관리로서도 군 장교로서도 그 기능을 행사하는 것을 원하지 않았다. 기독교가 사회의 낮은 계층에서 믿어졌던 이상 (우선 도시의 빈민들, 그리고 해방노예들, 노예들의 순서로 확산하였다.) 그것은 큰 문제가 되지 않았으나 기독교가 부유한 '계층' 및 '지배층'으로 확산하면서 심각한 문제로 발전했다. 그리고 적지 않은 문서에서 사실상 도시로부터 "원로원 의원"도, 지방으로부터 지방장관도, 군사 관리도… 모집할 수 없었음이 나타난다. 이는 그리스도인들이 이 모든 것이 되기를 거절했기 때문이다. 사회가 이러한 현상을 좋아할 수 없었음은 당연하다. 예를 들어 제국이 원로원 의원이 되라고 강요했을 때(다시 말해 도시 하나에 시장이 한 명은 있어야 한다는 것), 많은 사람이 시골로 멀리 도망가서 농장 주인으로 살아가는 쪽을 택했던 것이다. (그들은 지방에 살 곳을 다 가진 사람들이었다!) 군대에는 황제들이 군 장교를 모집하기 위하여 외국인, 즉 "야만인"을 찾아야 했다! 근대의 여러 역사가는 그리스도인들의 이러한 일반적인 기피가 4세기 이후 로마 쇠퇴의 가장 중요한 원인 중 하나였다고 말할 정도였다.

* * *

그러나 3세기 이전의 실천으로 돌아가자. 그것은 테르툴리아누스의 생각으로 대표되는 것으로서 국가 및 제국은 반드시 반反그리스도적이므로 곧 하나님의 적이라고 말하는 책들의 가르침에 따라 양심에 의한 완전한 거부를 권고하는 것이었다. 다음의 인상적인 구절을 보라. "황제들이 그리스도인이 되는 것이 가능했거나 그들이 세상에서 필요 없는 존재들이었다면 그들은 벌써 그리스도인이 되었을 것이다." (신약성서에서 세상이란 모든 하나님의 적대적인 것들을 의미하는 표현이다!) 실제로 이러한 거부 (황제 예배 참석을 거부하는 것은 논외로 하더라도)로 인하여 문제는 군대에서 일어났다.

이 주제에 대해서는 역사가들의 견해가 크게 엇갈린다. (드물지만) 그리스도인 군인들이 있었다는 기록이 남아 있으나 아주 적은 수였던 것으로 보인다. (그 중 일부는 징집된 병사들이었을 것이다.) 주후 150년까지는 군인이었으나 후에 그리스도인이 된 사람들은 군대를 떠났으며, 처음부터 그리스도인이었던 사람들은 결코 입대하였던 적이 없다고 봄이 더 확실할 것이다. "교회 지도자들과 전체 그리스도 공동체가 탐탁지 않게 여겼음에도" 그리스도인 병사의 수는 3세기 후반부터 증가하기 시작한다. RYAN, *Le Refus du service militaire par les chrétiens*, 영어로 된 책. 한편 그리스도인 병사의 수가 증가하였을 때에도 문제는 있었다! 공식행사 때 병사가 머리에 월계관 쓰기를 거절하는 것이 한 예다. 그와 마찬가지로 디오클레티아누스 황제는 어느 날 미래를 점치려고 희생제물을 드렸으나 실패하였다. 거기서 지목된 사람들은 바로 그리스도인 병사들로 십자성호를 그음으로써 실패를 유도하였다는 것이었다! 주후 250년경 이러한 예배는 사실이었고 강요에 의한 것이었으며 선택의 여지는 없었다. 그리고 2세기 후반 이후 "군인 순교자"가 강조되기 시작하는데 다시 말해 강제로 징집된 그리스도인 병사가 전쟁 중에 이교 예배를 거절하여 죽임을 당하는 경우가 생겨났다는 것이다. 기록된 바로는 사형집행자로 고용된 병사들이 동료를 처형해야 하자 갑자기 회심하여 칼을 버렸다는 이야기조차 있었다! 락탄티우스 또는 테르툴리아누스에 의해 인용된 예들은 끝이 없다. 그리고 집단적으로 反군국주의를 표방한 그리스도인들도 있었다. 여기 공식문서가 있다. 3세기 초 교회의 '규칙'을 담은 "히폴리투스에 의한 사도전승"에서는, "칼의 권력을 가진 자 또는 도시의 관리는 그 직에서 사임하게 하거나 출교하십시오. 예비자 또는 신자가 군인이 되고자 하거든 교회는 그를 출교하여야 합니다. 그가 하나님을 업신여겼기 때문입니다." 상황이 이러했으므로 집단적 학살의 시대에 처형을 당한 그리스도인들의 수는 증가할 수밖에 없었으며 "군인 성자들"로 불렸던 사람들이 양산될 수밖에 없었다.

그리고는, 간과할 수 없는 반전이 찾아온다. 주후 313년의 엘비라Elvire 교구회의는 공직을 받아들이려는 모든 신자는 평화를 사랑하는 사람이라 할지라도 직을 수행하는 동안에는 교회에 들어올 수 없다고 결정한다. 모든 권력에 참여하는 것은 강제성을 내포한다는 것으로 단죄된 것이다. 그리고 일어난 일이 콘스탄티누스 황제의 회심(312-313)이다. 전설이 된 회심이었으나 정치적 계산의 결실이었음이 분명한 이 회심으로, 그 시대 그리스도인들은 무시할 수 없는 정치적인 힘을 가지게 되었으며 콘스탄티누스는 그의 권력을 확실하게 하고자 모든 사람을 필요로 하였다. 그런데 지성인들을 포함한 대중들과 귀족들은 이미 옛 종교로부터 떠나 있었다. 사람들은 종교적으로 '모호한' 상태에 있었으며 콘스탄티누스는 그것을 이용하기로 했다. 그는 공식적으로 기독교에 가담했으며, 이러한 사실 때문에 교회는 덫에 걸렸다. 그것은 사실상 스스로 덫에 걸려든 것이었다! 당시 교회는 귀족들이 만든 위계질서에 의해 운영되고 있었다. 신학자들은 이것에 저항하고자 하였다. 4세기 후반 바실리우스Basile는 전쟁 중에 사람을 죽인 자는 살인자이며 전쟁에 참여한 병사는 3년간 공동체에 들어올 수 없게 하라고 말한다. 그런데 전쟁은 계속되었다! 그러므로 간단히 말해 군인은 결국 완전히 출교된다는 것이다. 그러나 그것은 저항하는 소수 의견이 되고 만다. 다수의 교회 지도자들은 기독교가 공식 종교가 되었다는 사실로부터 그리고 교회가 거대한 특권을 얻게 되었기에 결국 굴복하였다.

314년 황제가 소집한 아를르Arles 교구회의에서는 국가에 대한 봉사 및 군대 복무에 대한 교리가 완전히 뒤바뀐다. 이 회의의 세 번째 "법령"은 군대 복무를 거절하는 병사 또는 상관에게 항명하는 병사는 출교된다는 것이었다. 일곱 번째 법령은 국가의 그리스도인 공무원을 합법화하였으며, 이교 행위만을 금지할 뿐이었다. (예를 들어 황제 예배를 드리는 것.) 그리스도인 관리들 및 정치를 하고자 하는 사람들에게 요구된 것은 교회의 훈련을 받으라는 것뿐이었다. (이 훈련은 또한 모든 살인과 폭력을 삼가도록 요구하는 것이었다.) 몇몇 해석자들은 아를르 회의가 금지한 것은 살인뿐이었다고 평가한다. 그러나 거기에 군인의 역할에 대해서는 명시된 것이 없다! 사실상 국가는 교회를 지배하기 시작했으며 처음의 근본적이던 것과는 완전히 반대되는 것을 교회로부터 원했고 이 314년의 회의가 끝내버린 것은 반反국가주의적이고 반反군국주의적이었던 기독교 운동이었고 오늘날의 표현으로는 무정부주의였다.

증언: 가톨릭 사제이면서도 무정부주의자가 된다는 것

아드리앙 뒤쇼샬 ADRIEN DUCHOSAL

나는 스무 살부터 사제의 일을 수행하였고 인구 2천의 한 교구의 주임 사제이기까지 했다. 나는 한 기계 제작 회사에서 일주일에 사흘간 일한다.

여기서 나는 많은 사람에게 무정부주의자로 알려졌다. "그리스도인과 무정부주의자, 이 두 실천을 어떻게 일치시킬 수 있습니까?"라는 질문을 받는다.

나는 그리스도 신앙과 무정부주의 확신 간에 어떠한 갈등도 느끼지 못할 뿐만 아니라 나사렛 예수에 대한 나의 지식은 나를 무정부주의로 인도하며 때때로 그것을 실천할 용기마저 부여한다.

"하나님도 없고 주도 없다." 그리고 "나는 전능하신 아버지 하나님을 믿습니다"라고 하는 이 두 확신은 내 마음 깊숙이 자리 잡는다.

어떤 사람도 다른 사람의 주인으로 존재하거나 다른 사람보다 우월한 자로 존재할 수 없으며 아무도 자신의 의지를 다른 이에게 강요할 수 없고, 나는 완전히 지고至高한 주主로서의 하나님에 대해서는 아는 바 없다.

사람들 사이의 위계질서를 반대함

장 피에르 사르트르는 각각의 인간 존재의 유일한 가치에 대해 말했다.

"인간은 어떠한 가치를 지녔건 간에 다른 모든 사람과 같은 가치를 지녔다."

그 이전에 예수는 사람들 사이에 어떠한 차이도 두지 않으셨고 권력자들은 예수의 이러한 태도를 불편해하여 그를 죽이고자 하며 이렇게 말하였다. "당신은 당신이 하는 말이 무엇인지 모르고 있소. 당신은 인간들의 차이를 보지 않기 때문이오."참고. 마태복음 22장

각자의 삶은 사회를 구성하는 모든 법 이전에 존재한다; 복음서들, 마태, 마가, 누가 그리고 요한복음은 권위들에 대항한 예수의 이야기들로 가득하다. 그는 끊임없이 인생들에 염려를 가져오는 율법들을 범한다.

한 예로 이러한 정신에서 우리는 통행의 자유를 허가하는 서명을 많은 사람에게서 받았다. 그것은 다음의 요구에 대한 것이다. "사하로프Sakharov, 61)의 아내 엘레나 보너Elena Bonner는 그녀의 건강에 필요하다면 서방으로 건너갈 수 있어야 한다. 아프리카의 굶주린 사람들은 그들의 삶에 필요하다면 유럽으로 건너올 수 있어야 한다."

사람들과 하나님 사이의 위계질서에 반대함

적어도 인간 예수가 "아버지"라고 부르며 우리에게도 그렇게 부르라고 명하는 하나님은 결코 주主로 자신을 나타내신 적이 없으며 자신의 의지를 인간들에게 강요한 적도 없고 인간들이 자신보다 열등하다 간주하신 적도 없다 ; 예수에게 있어 아버지와 아들의 관계 속에는 어떠한 위계질서

---

61) [역주] 안드레이 드미트리예비치 사하로프(1921~1989)는 소비에트 연방의 유명한 핵물리학자, 반체제 활동가, 인권 활동가이다. 1975년 소비에트 연방에서 인권 향상을 위한 운동을 전개한 공로로 노벨 평화상을 수상하였다. (위키백과사전)

도 존재하지 않는다. 그는 말한다. "아버지와 나는 하나이며 그가 내 안에 내가 그 안에 있다." 경쟁, 우월성, 동등성, 열등성의 언어로부터만 사고가 가능한 종교인들은 예수가 하나님과 동등하다고 하였기에 그를 고발한다. 그들은 한 인간 예수가 그의 아버지와 함께 하나님일 수 있음과 인간 개개인의 소명이 아버지와 함께 하나님이 됨을 이해할 능력이 없다.

(성서의) 창세기 기자는 하나님과 함께 삶을 즐기고 생명을 창조하는 즐거움을 누리는 대신, 선과 악을 알아 신들처럼 되고자 야심을 품은 인간의 잘못을 본다. 그 자신과 자신의 신분에 집착한 인간의 이러한 태도는 모든 불행의 시초가 된다. 인간은 고독하고 벌거벗었으며 부끄러운 존재, 서로 고발하며 자기를 위해 고통스럽게 일하는 존재가 되어 죽음을 씨 뿌리고 서로 지배하려고 싸우거나 두려움에 사로잡혀 지배를 받아들인다.

끊임없이 예언자들은 인간에게 하나님과 연합하여 살라고 말한다 ; 그러나 권위들이 지배하는 인간은 다른 이들과 싸우며 자신을 스스로 입증하기를 원한다. 예를 들어 성서 사무엘상 8장은 다음과 같이 말한다. "원로들이 사무엘에게 말하였다. 우리를 다스릴 왕을 우리에게 주소서…. 하나님께서 사무엘에게 말씀하셨다. 그들이 원하는 것을 주어 만족하게 하여라…. 그들이 거절한 것은 나이며 그것은 내가 그들을 다스리기를 그들이 원치 아니하기 때문이다. 사무엘은 왕을 원한 사람들에게 하나님의 모든 말씀을 전하였다. 너희를 다스릴 왕의 제도는 이러하다. 그는 너희의 아들들을 잡아다가 그의 전차를 끌게 할 것이고 그의 말을 돌보게 할 것이며 그의 전차에 앞서 달리게 할 것이다. 그는 그들을 천부장, 오십부장을 삼을 것이다; 그는 그들을 자신의 이익을 위해 일을 시키고 징집할 것이며 전쟁 무기와 말 멍에를 만들게 할 것이다. 그는 너희의 딸들을 잡아다가 자신의 요리와 빵을 위한 향신료를 만들게 할 것이다. 그는 너희의 땅, 포도나무, 올리브나무 중 가장 좋은 것들을 취하여 자신의 집 사람들에게 나누어줄 것이다. 그는 너희의 논밭과 포도밭으로부터 십 분의 일을 거두어 관료들과 집 식구들을 위해 쓸 것이다. 너희의 종들과 여종들, 소들과 나귀 중 가장 좋은 것들을 취하여 그를 위해 일하게 할 것이다. 그는 너희 무리와 너희 식구 중 십 분의 일을 취하여 그의 노예로 삼을 것이다. 그러면 너희는 부르짖으며 왕을 원하였던 것을 후회할 것이나 하나님은 너희에게 대답지 아니하실 것이다."

나는 하나님을 믿는다, 왜인가?

나는 유일하신 하나님을 믿으며 이 하나님은 인간 예수다. 많은 사람이 그는 죽었다고 하지만 나는 그가 살아있다고 대답하며 거기에는 결정적이고 거부할 수 없는 근거가 있다. 나와 함께 살아계신 예수를 믿을 때 그것의 의미는 내가 삶을 맛본다는 것이며, 내가 그의 현존을 잊는 그 시간에는 나는 더는 살아 있지도 마음을 가지고 있지도 않다. 그리고 당연히 나는 삶을 선택한다….

그러므로 예수는 나에게 하나님이며 내가 그와 함께 살 수 있는 만큼 그러하다.

피에르-조셉 프루동Pierre-Joseph Proudon의 『비참의 철학』*La Philosophie de la misére* 제3장을 읽으며 나는 그를 매우 잘 이해하게 된다. 그가 바라본 대상은 오직 한 분이며 지고한 존재이자 인간의 지배자인 신이었다. 그러므로 그는 신을 부정할 수밖에 없었다. 이 신은 그의 삶을 방해할 수밖에 없었기 때문이다. "신이 존재한다면 그는 본질적으로 인간의 본성에 적대적인 존재로서다…. 신은 결국 무엇으로 나에게 나타날 것인가? 나는 모를 수 있다면 모른 채로 있으련다…. 어느 날 내가 신과 화해하게 된다면 이 화해는 내가 경험하고 그 안에서 내가 모든 것을 얻어 더 잃을 것이 없을 만큼이나 불가능하기에 내가 죽기까지 절대 이루어지지 않을 것이다."

철학들 및 신학들의 헛됨

결국, 하나님의 존재를 인정하거나 부정하는 문제는 별 의미가 없으며 의미 있는 것은 삶이 주는 맛과 기쁨을 누리는 것이다.

자기의 옳음을 입증하려고 사상의 대가임을 자처하는 철학자들과 신학자들의 논쟁은 헛되다.

다소Tarse의 바울은 고린도인들에게 보낸 서신 제3장에서, 지혜롭다는 사람들의 논증은 "바람과 같을 뿐이며… 그들은 자신의 교묘함의 덫에 걸렸다"고 말한다. 예를 들어 소크라테스 같은 사람이 그가 생각하던 민주주의를 존중하기 위하여 스스로 죽음을 받아들이게 되었으니 말이다.

예수의 친구였던 요한은 그의 첫 번째 서신 제4장에 "하나님을 본 사람은 없으나 사랑은 하나님에게서 왔으며 사랑하는 사람은 하나님으로부터 났고 하나님을 아나니 우리가 서로 사랑하자. 사랑하지 아니하는 자는 하나님을 알지 못하였나니 하나님은 사랑이심이라…. 누군가 하나님을 사랑한다 하면서도 그 형제를 미워하면 그는 거짓말쟁이라…. 누군가 세상의 부유함을 누리면서도 그의 형제가 곤궁에 빠진 것을 보고 모른척하면 어떻게 하나님이 그에게 거하신다 하리요"라고 함으로써 하나님에 대하여 굳이 묘사할 필요 없이 하나님을 설명한다.

우리는 예수를 믿고 그를 우리의 하나님으로 확신하며 우리가 그를 하나님이라 부르는 것은 이 사람예수-역주이 하나님이 될 만한 자격(전능함, 초월성, 영원성 등등)을 갖추었기 때문이 아니다. 그러나 이 영 안에서 살게끔 우리를 이끄시고 우리에게 삶의 맛을 선사하신, 모든 인간에 대한 그 사랑의 태도에 의해 우리는 그를 하나님이라 부른다.

혁명을 위하여? 어떠한 혁명?

나는 저항하기 위해 무기를 잡고 폭력을 불사하는 억압받는 사람들을 정죄할 수는 없으나 진정한 혁명을 일으키는 데 있어 그러한 방식은 불필요하다고 생각한다. 물론 그 억압받는 사람들은 권력을 가진 자들의 힘으로 짓밟힐 수도 있고 권력이 전복되면 무기에 의한 권력의 맛을 볼 수도 있겠지만 결국 그들은 새로운 억압자들이 될 것이고 모든 것은 다시 시작하여야 할 것이다.

진정한 혁명을 위해서는 모든 폭력의 원천(위계질서 및 두려움의 영)을 사라지게 하는 정신적 힘을 발견하여야 한다. 지배자들이 더는 지배력을 잃게 될 것에 대한 두려움 때문에 계속 지배자로 남고자 폭력을 사용하도록 그들을 부추긴다. 지배당하는 사람들이 지배자가 돌아오면 살아남지 못한다고 믿는 두려움은 그들로 하여금 폭력을 정당화하게 만든다. 그들은 다른 사람을 지배하는 핑곗거리를 찾는 것이며 끊임없이 반란-진압…의 지옥의 악순환을 만들어내는 폭력의 대가를 치르는 것이다.

예수의 영은 우리에게 그 두려움과 싸우며 폭력에 맞서라고 말한다. 예수는 억압받는 사람들에게 말한다. "누가 오른 뺨을 때리거든 왼편도 돌려대어라" 그렇게 함으로써 그는 그들을 억압하는 사람들의 폭력 앞에서 그들을 두려움으로부터 해방한다. 한때 그분 자신도 그렇게 왼편 뺨을 맞고 오른편을 돌려댐으로써 두려움에서 벗어나셨고 이렇게 말씀하셨다. "내가 잘못 말하였다면 내가 잘못 말한 것을 보여라. 내가 제대로 말하였다면 어찌 나를 때리느냐?" 그분은 사람들이 그에게 겪게 할 죽음을 두려워하지 않으셨다.

예수는 또 말한다. "누가 너희 겉옷을 가져가거든 속옷까지 주어라 ; 누가 너에게 오리를 같이 가자 하거든 십리를 가주어라." 그가 원한 것은 억압받는 사람들이 주인 없이 살아갈 수 없을 것 같은 두려움에서 벗어나는 것이었다. 예수께서 그렇게 한 것처럼 억압받는 사람들도 그렇게 자기 주인들을 위선자요 독사의 자식들(도마뱀들)이라고 부를 수 있을 것이다. 그들의 주인들은 더는 지배자의 영에 사로잡힌 채로 남아있지 못할 것이다.(마태복음 23장을 보라) 지배자는 그가 지배하는 동안 항상 우쭐대겠지만 우리는 그의 천박함을 무시하도록 하자. 아무도 무시당하면서는 살아갈 수 없기에 그는 자신의 우쭐댐을 그만두지 않을 수 없을 것이다.

간디Gandhi, 란자 델 바스토Lanza del Vasto62), 레흐 바웬사 Lech Walesa63) 그리고 예수

간디를 예수와 같은 방식의 비폭력주의자로 보는 것은 난센스다. 간디

62) [역주] 본명은 Giuseppe Giovanni Luigi Enrico Lanza di Trabia-Branciforte. 1901~1981. 철학자, 시인, 조각가이자 소묘화가 그리고 20세기 이탈리아 평화투사. 간디에게서 비폭력주의를 직접 배웠으며 그 후 인도 전역을 순례하였고 팔레스타인과 예루살렘, 베들레헴을 순례하는 등 긴 순례를 통해 깨달음을 얻었다. 1954년 그는 비노바 바브 Vinoba Bhave의 비폭력 캠프에 참여함으로써 본격적인 반전평화주의자로서 활동하였다. 1948년 아르케 Arche 공동체를 설립했으며 1957년부터 1976년까지 전쟁 중 고문 반대, 핵발전 시설 반대, 반전평화운동 등을 주도했다.

63) [역주] 1943~. 폴란드의 정치인, 자유노조 지도자이자 제2대 대통령. 폴란드에서 공산주의 정권에 대항하여 파업 투쟁을 통하여 자유노조를 설립하였고 계엄령 하에서 구금되었

가 비폭력에 헌신했다면 그것은 국가 인도의 지배권을 얻기 위해서다. 그는 더 강한 권력인 "영국 권력"에 대항하여 비폭력을 사용하였지만, 더 약한 권력에 대항해서는 전쟁무기를 사용했던 것이다. 인도의 지도자들 즉 자신의 제자들과 함께 그는 그를 암살하려던 인도인들에 대해 경찰력을 동원했다.

어떤 크리스마스에는 시크교도를 향해 전쟁을 선포했는데 이는 그들이 펀잡 지방에서 독립을 선언했기 때문이었다. 모든 지도자가 그러했듯 그 역시 폭력을 사용했지만, 그 폭력은 그의 아름다운 사상들에 덮여 버렸다.

마찬가지로 예수의 비폭력은 란자 델 바스토 그리고 오늘날의 레흐 바웬사와는 크게 다르다. 그들은 폭력을 두려워하며 폭력의 세상에서 떨어져 있다. 그들은 권력의 폭력을 드러내놓고 폭로하는 식으로 지배 권력에 도전하는 것을 거절한다.

1976년 우리는 말빌Malville 시내를 뚫고 들어갔지만 란자 델 바스토는 CRS64)가 우리를 폭력 진압할 것을 두려워하였다. 이 현자는 우리에게 온순하게 굽히라고 요구하였다. CRS의 폭력에 대한 두려움 때문에 그는 우리에게 권력 및 핵의 폭력을 받아들이라고 한 것이었다.

우리는 레흐 바웬사가 폴란드에서 이끈 놀라운 '연대' 운동을 높이 평가할 수 있다. 불행히도 오늘날 그는 이러한 자유의 도약을 멈추어 버린다. 왜냐하면, 권력은 피를 흘리는 폭력을 행사하겠다고 위협하며 그는 몇몇 선언들을 포기하라고 명령하기 때문이다. 그렇게 국가의 일상적인 폭

으나 결국은 승리했다. 1983년 노벨평화상을 받았고 1988-89년에는 폴란드 정부와의 협상에 참여하여 자유로운 의원선거, 대통령직의 설치, 자유경제의 도입 등을 얻어내 사실상 폴란드를 자유화하였고 1990년 폴란드의 대통령으로 선출되었다.
64) [역주] Compagnies Républicaines de Sécurité. 프랑스 전투경찰부대

력은 계속된다.

그와는 반대로 예수는 투쟁에 의해 반드시 얻어지는 평화, 그리고 권위에 대한 도발을 추구한다. 억압받는 사람들의 편에 선다면 자동으로 폭력이 일어난다는 것을 그는 알고 있다 ; 그가 물러서지 않는 것은 아버지와의 관계 속에서 그에게 선택이 있음을 알고 있기 때문이다. 다시 말해 그는 삶을 선택하지 않을 수 있다. "생명을 구하고자 하는 자는 생명을 잃을 것이다."(마태복음 16장을 보라)

란자 델 바스토는 C.R.S.를 존중하지 않으면서도 그들의 나치 친위대SS 같은 행위를 고발하지 않았다. 다시 말해 그들은 훈련에 의해 상부에 복종하게끔 되어 있었고 그 때문에 책임을 저버린 것이었다. 그와 반대로 예수는 인간성을 재발견하도록 허락하는 방식으로 그의 적들을 다룬다. 란자 델 바스토는 선언들을 존중하지 않았다. 이 현자는 우리에게 책임능력이 없으며 우리가 어떠한 위험을 감수하여야 하는지 생각할 능력이 없다고 판단했다. 그와 반대로 예수는 그의 친구들에게 어떤 어려움이 있는지 그리고 어디에 힘을 사용하여야 하고 어느 곳에서 자신에게 자유를 허락하여야 하는지 말했던 것이다.

알바로 울쿠에 쇼쿠에 Alvaro Ulcué Chocué 그리고 예수

오늘날, 나는 가톨릭 정신65)–다시 말해 보편적이고 각각의 인간에게서 확인되는 한 형제로서의 정신–에 고무된 어떤 민중의 이야기 속에 있는 사람들을 본다. 그들 중에서 어떤 이들은 나사렛 예수 안에서 하나님을 확

---

65) [역주] 필자는 가톨릭이라는 말의 본래 의미(보편적이라는 뜻)에 집중하여 이 표현을 사용한다.

인한다고 믿는다. 그들은 예수가 자신을 다른 사람들보다 우월한 존재라고 여기지 않았다고 믿는다. 그들은 예수가 서로 사랑함으로 항상 지배자들에 맞서 억압받는 사람들의 편에 섰으며 모든 위계질서 및 인간 위에 군림하는 인간의 모든 권력을 파괴하고자 했다고 믿는다.

여기 1985년 3월에 출간된 한 책이 있다. "알바로 울쿠에 쇼쿠에, 콜롬비아의 유일한 인디오 사제였던 그는 1984년 11월 암살당했고, 1982년에는 이미 그의 누이가 경찰에 의해 살해당했다. 죽기 전 그는 제도에 의한 폭력에 대해 다음과 같이 말했다. '그리스도인들인 우리는 무엇을 하고 있는가? 우리는 그저 구경꾼들이며 침묵으로 동조하고 있다. 그것은 우리가 급진적인 복음을 선포하는 것을 두려워하기 때문이다.'"(1985년 11월의 『그리스도적 증언』*Témoignage chrétien*을 보라.)

보젤Bozel과 플라네Planay 교구의 그리스도인들은 우리의 주임사제와 함께 현 세상 상황을 분석하고서 국가의 폭력을 단죄하였다.

우리는 이 폭력이 은행, 군대 그리고 경찰에 의해 행사되고 있음을 확인한다.

우리는 이자율을 터무니없이 높게 매기는 행위가 폭력의 본질적인 원인이 되어 있음을 확인하고 또한 고발하기에 이른다. 사람을 기아로 몰아 죽이는 이 살인자들의 암살에 대하여 우리는 말하지 않을 수 없다.

우리는 특히 군사 예산, 무기의 제조와 판매를 고발한다.

우리는 또한 특히 가난한 사람들 및 야당 정치인들이 겪는 경찰폭력, 즉 투옥과 고문 등을 반대하였다.

우리는 우리의 주교들과 다른 그리스도인 공동체들에 국가로부터의 이러한 폭력에 대한 거절을 표명해 달라고 요청한다.

대답을 기다리며 우리는 그리스도와의 연합을 여러분에게 전한다.

그들의 행동을 되새긴다면 그리스도인들 및 무정부주의자들이 서로 더 잘 이해할 수 있으리라고 나는 생각한다.

이 기사가 무정부주의자들에 의해 출판된다면 그것은 아마 그들의 영혼이 "모든 사람에게 열려 있다"고 하는 가톨릭 본래의 의미에서의 가톨릭 신앙인들보다 더 열려 있다는 뜻일 것이다.

결론

글을 끝마치면서 나는 조금의 염려가 생기는데, 그것은 무정부주의 독자가 성서 본문에 대한 이러한 긴 분석을 읽으면서 인내심이 필요했을 것이기 때문에, 혹시나 지겨웠거나 귀찮지 않았는지, 정말 그에게 도움이 되었는지, 그리고 하나님의 말씀을 담은 책인 성서를 그저 다른 책들과 비슷한 것으로 생각할 수 있지 않을까 하는 기우 때문이다. 그러나 무엇보다도 이 주제는 나의 과제에 포함되어 있었던 것이다. 그리고 기독교의 모든 사상을 다루려면 이 주제를 다루지 않을 수 없었다. 이것은 무정부주의자들에게도 그리스도인들에게 반드시 필요한 것이다!

그리고 지금….

한 책의 결론은 어떻게 내려야 할까? 이 글은 그리스도인들에게 경각심을 심어주기 위해서 반드시 필요한 것인 듯싶다. (그리고 그리스도인으로서 나는 그리스도인들을 무정부주의자 그룹에 끌어들이려는 것이 아니다.) 나에게 있어 우리가 배운 것은, 우선 기독교 유심론Spiritualisme chrétien을 절대적으로 거부하여야 한다는 것, 다시 말해서 하늘로 달아나거나 미래의 삶으로 달아나는 것(나는 부활을 믿지만, 그것이 의미하는 바는 전혀 도피와는 관계가 없다) 또는 이 땅의 것들을 멸시하는 신비주의를 거부하여야 한다는 것이다. 왜냐하면, 하나님은 우리를 이 땅에 내려놓으셨으며 그것도 그냥 내려놓은 것이 아니라 우리가 거부할 수 없는 어떤 사명을 지워서 그렇게 하셨기 때문이다. 그럼에도, '참여적인' 그리스도인들에게 필요한 것은 이 세상의 지배적인 이데올로기의 함정에 빠지지 않는 것이다! 나는 이미 교회가 왕들 아래서는 군주주의자가 되었으며, 나폴레옹 아래서는 제국주의자가, 공화국 아래서는 공화주의자가 되었고 지금 교회(적어도 프로테스탄트 교회)는 모든 사람의 사회주의로부터 사회주의자가 되었다고 말하였다. 그리고 이는 바울의 가르침과 마주친다. 이 세상의 이상을 따라가지 마십시오. 그러므로 무정부주의는 그리스도인들의 순응주의적인 유연성에 훌륭한 균형추를 달아줄 수 있다.

그러나 또한 다른 전선, 즉 이데올로기적이고 정치적인 세상과의 전선에서 그것은 그들을 받쳐줄 난간이기도 하다. 물론 그것은 그리스도인들이 오늘날의 우파가 된다는 의미가 아니다. 우리는 오늘날의 우파가 어떻게 되었는지 이미 확인하지 않았는가! 결국, 제3공화국의 공화주의 우파가 그나마 가치 있는 우파이지 않았을까.66) 그것은 더는 우리의 일은 아니다. 우파는 필연적으로 초超자본주의의 비대한 승리로 귀결되거나 파시즘의 나락으로 떨어지게 마련이다.67) 다른 우파는 없다. 각설하고, 마르크시즘과 20세기 그것의 분파들에 대해 이야기해 보자. 모스크바 정부, 공산주의자들이 벌인 바르셀로나의 끔찍한 대학살 그리고 독소獨蘇조약, 1940년의 수령주의에 대한 공산당의 용의주도함, 그리고 1944년 공산주의자들의 행동들 이후로 그리스도인이 스탈린주의자가 되는 것은 불가능

---

66) 예를 들어 1934년 한 우파 정치인이 쓴 뛰어난 다음의 책을 보라. *André TARDIEU: Le Souverain caprif*, 거기서 그는 사람들의 허망한 절대 권력을 고발한다 !
67) 나는 이미 1937년의 Esprit 誌의 긴 기고문을 통해 자유주의와 파시즘의 친족관계에 대하여 논한 바 있다: "Le fascisme fils du libéralisme".

해졌다. (그럼에도, 우리의 용감한 목사들이 스탈린식 공산주의의 미학을 발견하고자 했던 때가 바로 그 시기였다.) 무정부주의는 더욱 분명해 보였고 우리에게 경각심을 심어 주었다. 아마 그러한 배움의 경험이 오늘날 우리의 귀에 들리는 것이 아닌가 싶다. 마지막으로 언급할 것은 기독교 사상에 미친 무정부주의의 세 번째 영향이다. 우리는 국가의 지배와는 다른 관점에서 우리 사회의 현실을 바라보는 법을 배워야 한다. 우리 시대의 비극 중 하나는 모든 사람이 "민족 국가"를 하나의 규범으로 인식하는 데 동의하는 것처럼 보이는 것이다. 민족 국가가 결국 마르크스주의자 혁명들보다 더 강하였다고 생각하는 것은 놀라울 뿐이다. 마르크스주의자 혁명들은 민족 국가의 구조와 국가의 방향을 오히려 더 공고히 하였던 것이다. 끔찍하게도 마크노를 계승하고자 하는 의지는 피로 물들었다. 그리고 마르크스주의 국가 또는 자본주의 국가는 지배권이라는 지배적인 이데올로기를 가졌다는 면에서 유사한 것이다. 이는 "유럽의 건설"을 완전히 우스꽝스러운 것으로 만들어 버렸다. 국가들이 그 지배권을 포기하지 않는데 하나의 유럽이 어떻게 가능하겠는가. 그러나 국가적 민족주의는 세상을 물들여버렸으며, 예를 들어 모든 아프리카 민중은 식민 지배에서 벗어나자마자 그들을 지배했던 국가 형태를 고스란히 받아들였던 것이다. 그러므로 보라. 이것이 무정부주의가 그리스도인들에게 보여주고자 하는 현실이다. 그리고 그것은 몹시도 중요한 현실이다.

* * *

더 나아가야 하는가? 나는 도입부에서 무정부주의자를 그리스도인으로 만들 의도도, 그리스도인들 앞에서 무정부주의를 대단히 중요한 것으로 선언할 의도도 없다고 밝힌 바 있다! 그 둘을 동일시할 필요는 없다. 그리고 그리스도인들과 스탈린주의자들의 혼합을 정당화하기 위해 "수렴이론"을 꺼내려는 것이 아니다. 그러나 나는 공통되고 명백한 일반적인 방향성이 거기 있음을 이야기하고 싶을 뿐이다. 그것은 우리가 같은 관점에서 같은 싸움을 하고 있다는 것이다. 혼동할 필요도 없고 환상을 가질 필요도 없다. 우리는 같은 적, 같은 위험이 있으며 그것은 사실 아무것도 아니다! 우리를 갈라놓는 모든 것은 한편으로는 하나님과 예수 그리스도를 믿는 신앙 및 그 결과들이며, 또 한편으로 우리의 차이는 이미 강조한 바와 같이 "인간 본성"에 대한 평가다. 우리 사이의 공통점과 차이점에 대한 인식을 분명히 밝혀야 한다. 나는 이 작은 에세이에서 다른 것은 다루려 하지 않았다.

요 약

들어가는 말

자끄 엘륄은 오랜 세월에 걸쳐 천천히 그리고 홀로 자신만의 사상의 자리에 도달하고 나서 이 책을 썼다. 그것은 자신의 개인적인 경험이자 20세기 초 서구인들의 경험에서 비롯된 것이다. 기독교와 사회주의를 연결하려고 한 시도들은 이미 19세기 말부터 존재했으나 주류 기독교는 늘 사회주의 또는 그 이상의 급진주의와 평행선을 달렸을 뿐만 아니라 기독교와 사회주의를 연결하려고 하던 모든 19세기 말의 시도는 결국 기독교의 정체성마저 상실하게 했다. 그가 본 성서는 "자유케 하는 복음"의 메시지를 담고 있고 그것은 세상의 모든 권력에 저항하는 무정부주의자들의 정서와 맞닿아 있는 것이었다. 엘륄은 기독교의 정체성을 보존한 채 성서와 복음 자체가 지닌 무정부성을 발견하려고 하며, 이념과 국가가 괴물처럼 팽창하는 20세기 분위기에서 교회가 국가의 팽창을 정당화해 왔음을 비판하며 복음과 무정부주의 사상 간의 공통점을 찾으려고 한다. 그는 기독교인이 결코 무정부주의자가 되거나 무정부주의자가 기독교인이 되는 '회심'을 말하려고 하지 않는다. 그가 말하고자 하는 것은 바로 무정부주의 사상과 기독교 사상과의 공통점이다. 그가 본 역사적 기독교는 항상 정치권력에 대한 순응주의였다. 그가 말하고자 하는 바는 "성서는 그렇게 말하고 있지 않다"라는 것이다.

제1장 그리스도인의 관점에서 본 무정부주의

무정부주의에도 다양한 사조가 있다. 극렬하게 폭력을 행사하는 무정부주의도 있지만, 역사적으로 폭력을 행사하지 않는 무정부주의자들의 예는 많이 있다. 엘륄은 그러한 예들을 통하여 사실상 역사를 바꾼 무정부주의 운동은 예외 없이 비폭력적이었음을 강변한다. 20세기 내내 **서구에서 국가 및 관료주의는 계속 그 권력을 확대해 왔고** 그것에 대항하는 정치사상들은 공백기에 접어들었다. 그러므로 무정부주의는 현대에 새로 일어나는 다양한 사조들(환경주의 또는 조합주의 등등)과 연대함으로써 다시 일어서야 한다.

일반적인 무정부주의적 신념들과는 달리 엘륄의 무정부주의는 이상이 아니라 행동이다. 그들이 가진 실현 불가능한 완전한 무정부사회를 향한 이상은 가능하지도 않고 바람직하지도 않다. 다만, 그는 무정부주의적 행동을 통하여 보다 나은 미래로 나아가는 것에 대하여 말한다.

이슬람의 정복주의의 영향을 받은 중세 기독교는 "신앙을 받아들이지 않으면 죽음"이라는 칼을 휘둘렀다. 종교재판뿐만 아니라 세속에 대한 지배(왕좌와 제단의 동맹)에 이르기까지 교회는 무정부주의자들과 결코 융합할 수 없는 적이 되었다. 가치관의 문제에서도 인간은 나면서부터 선하지만, 권력의 지배를 받아 악하게 규정된 것뿐이라는 무정부주의자들의 생각은 인간은 누구나 죄 아래 있다고 믿는 기독교의 가치관과 대립한다. 무정부주의자들은 그러므로 "하나님도 없고 주도 없다"라고 선언한다. 그러나 엘륄은 기독교가 진정한 모습을 찾는다면 무정부주의자들도 기독교에 반대할 이유가 없다고 한다. 엘륄은 말한다. "성서의 하나님의 참된 얼굴은 사랑이다. 무정부주의자들은 '사랑도 없고 주도 없다!' 라는 식의 말에까지 동의하지는 않을 것이다."

무정부주의자들은 세상을 맘대로 주관하는 하나님에 동의하지 못한다. 또한, 그들은 "하나님이 선하시고 전능하시다면 왜 세상에는 이처럼 부조리한 악이 존재하는가?"라고 묻는다. 거기에 대하여 엘륄은 "인간은 하나님이 조종하는 로봇이 아니라"고 말한다. 하나님은 오히려 인간에게 자유를 주시는 **해방자**시며 성서는 하나님께서 인간을 해방하시는 이야기라는 것이다.

제2장 무정부주의의 근거로서의 성서

히브리 성서(구약성서)는 "무질서가 아닌 무정부주의"를 옹호하는 태도를 견지한다. 왕의 압제는 하나님의 뜻에 반하여 시작되었으며, 그 질서는 하나님의 자유의 질서, 해방의 질서에 반대되는 것이었다. 하나님은 해방을 원했지만, 인간은 압제를 원했다.

그러나 예언자들은 항상 압제하는 왕들을 비판하였다. 현대적인 용어를 사용해 말하자면 예언자들은 '반체제인사'다. '거짓' 예언자에게서 오는, 왕에게 호의적인 어떠한 예언도 '거룩한 책들' 가운데 수록되지 못하였지만, 예언자들이 이끈 투쟁은 온전히 보존되었고 여기서 역시 왕권에 의해 사라져야 마땅할 선언들 안에 하나님께서 말씀하심이 확인된다. 이러한 사실들은 반反군주적, 반反국가적인 정서가 지속하여 왔음을 보여주는 놀라운 증거다.

셀류시드 왕조부터 하스몬 왕조, 헤롯 왕조에 이르기까지 정부는 항상 폭력과 테러로 민중을 압제했다. 예수는 이러한 시대상황에서 태어났다. 예수는 권력을 경멸하였으며 모든 권위를 거절했다. 예수의 두 번째 유혹에서 마귀가 주겠다고 한 '땅의 모든 왕국'이 의미하는 것은 단순히 헤롯의 왕조만을 말함은 아니다. 모든 권력, 힘, 왕국들의 영광, 그러므로 정치권력 및 정치적 권위에 관련된 모든 것이 '마귀'에게 속하며, 이 모든 것이 그에게 주어졌고, 그는 그가 원하는 자에게 그것을 준다. 그렇게 정치권력을 붙잡는 사람들은 마귀에게서 그것을 받으며 그에게 의지한다. 예수는 이에 대해 다음과 같이 말한다. "주님만 경배하며 오직 그만을 섬기라."

예수는 "카이사르의 것은 카이사르에게 하나님의 것은 하나님에게 돌리라"고 함으로써 정치 및 종교 권력을 평가절하할 뿐 아니라 사람들이 그것에 굴복할 필요가 없고 단지 조롱하면 된다고 말한다. 그는 또한 "검을 가진 자는 검으로 망할 것이라"고 함으로써 그것은 또 다른 폭력을 낳을 뿐이며, 검은 풀무로부터 또 다른 검이 나오게 하는 것임을, 즉 폭력으로는 문제를 해결할 수 없음을 말한다. 그것은 하나의 희망을 말씀하시는 것이기도 하다. 왜냐하면, 검을 든 국가들은 다 검으로 멸망할 것이기 때문이다. 그러나 또한 그것은 그리스도인들에 대한 명령이기도 하다. 우리가 국가와 싸우고자 검을 들 필요가 없는 이유는, 그렇게 한다면 검으로 죽을 자들이 바로 우리이기 때문이다.

예수는 두 번의 재판을 받는데, 산헤드린 앞에서 그리고 빌라도 앞에서다. 우리는 거기서 전도자의 메아리를 재발견한다. "판결을 내리는 자리에 악이 다스린다." 복음서에서 전체적으로 기록되어 있는 것은 아주 분명한 하나의 태도로서, 그것은 예수의 침묵, 권위자들에 의한 고발 또는 결연한 도발이었다. 예수는 이 권위들 앞에서 대화를 시도하지도 결백을 주장하지도 어떤 권력의 참됨을 확인하지도 않았다. 이러한 예수에게 빌라도는 오히려 간청한다. "아무것도 대답하지 않으려느냐?" 그러나 예수는 사실상 아무 대답도 하지 않는다. 다른 관점에서 보자면 예수는 때로 공격적이며 멸시 또는 조소하는 태도를 보인다. 그것은 숨겨진 조롱, 도전, 그리고 권위에 대한 도발이다. 정치 및 종교 권위에 맞선 예수와 관련된 본문들을 따라가다 보면 우리는 '비협조', 무관심 때로는 고발의 반어법과 경멸을 발견한다.

요한계시록 전체에서 나타나는 것은 정치권력에 대한 문제제기다. 첫 번째 이미지는 "두 짐승"으로 그들 시대의 정치권력들을 짐승으로 표현한 것이다. 두 번째 이미지는 유명한 18장으로 큰 바빌론의 멸망에 대한 것이다. 이 본문에서 로마는 명백히 최고 정치권력과 동일시된다. 오늘날 무기를 만드는 '거대한 사업'을 벌이는 기업들도 마찬가지다. 그것은 정치권력과 금권의 결합이다. 그녀가 무너질 때 "땅의 모든 왕은 슬퍼하며 절망할 것이다. 자본가들은 흐느낄 것이다." 의심의 여지없이 로마뿐 아니라 모든 권력과 모든 지배권은 특히 하나님의 원수로 묘사된다. 하나님은 **큰 음녀**로 불리는 이 정치적 힘을 심판한다.

베드로와 바울의 서신에서도 이와 같은 태도가 나타난다. "왕에게 순복하라"고 한 구절은 대체로 "황제(정치권력)에 순복하라"는 말씀으로 해석된다. 그러나 당시 황제는 결코 왕이라는 칭호를 가진 적이 없었다. 베드로전서 기자는 그 서신에서 로마의 황제를 겨냥하여 말한 것이 결코 아니었다. 바울도 "위의 권위들에 순복하라"고 말한다. A. 마이요는 바울의 말을 다음과 같이 해석했다. "악에게 정복당하지 말고 선으로 악을 극복하십시오. 모든 사람은 [그러므로] 위의 권위들에 순복하십시오." 결국 그것은 권력 및 권위들과 똑같은 방식으로 행하지 말라는 충고였다. 그들은 악을 행하나 너희는 선으로 답하라는 뜻이다.

부록1. 칼 바르트와 마이요의 로마서 해석 (8:1-2)

바르트: "권위에 순복함"에 대하여 권고하자면 그것은 순전히 부정否定의

표현이다. 순복하라는 말은 인간의 정치적 계산이 그 자체로 얼마나 거짓된 것인지 잊으라는 말이 아니다. 하나님은 "정의를 세우는 것은 내가 할 일"이라고 말한다. 진정한 혁명은 오직 하나님으로부터 비롯된다.

　마이요: 국가의 우두머리, 관리들 등은 그들의 의도가 어떠한 것이건 간에 하나님의 손안에 있다. "권위에 순복하라"는 말씀은 마이요에게 있어 그 시대의 권위들을 뜻한다. 모든 역사를 통틀어 "유효한" 것은 아니라는 말이다. 바울이 강제에 의해서 뿐만 아니라 양심의 동기에 의해서 순종하여야 한다고 말할 때, 그것의 의미는 우리의 순종이 맹목적인 것도 체념에 의해서도 아니어야 한다는 것이다. 왜냐하면, 양심은 우리에게 불순종을 명할 수도 있기 때문이다.

부록2. 양심에 의한 거부자들

　로마 시대에는 기독교가 부유한 '계층' 및 '지배층'으로 확산하면서 심각한 문제로 발전했다. 적지 않은 문서에서 사실상 도시로부터 '원로원 의원'도, 지방으로부터 지방장관도, 군사 관리도 모집할 수 없었음이 나타난다. 이는 그리스도인들이 이 모든 것을 거절했기 때문이다. 사회가 이러한 현상을 좋아할 수 없었음은 당연하다. 제국이 원로원 의원이 되라고 강요했을 때, 많은 사람이 시골로 멀리 도망가서 농장 주인으로 살아가는 쪽을 택했다. 군대에서는 황제들이 군 장교를 모집하기 위하여 외국인, 즉 '야만인'을 찾아야 했다. 근대의 여러 역사가는 그리스도인들의 이러한 일반적인 기피가 4세기 이후 로마 쇠퇴의 가장 중요한 원인 중 하나였다고 말할 정도였다. 3세기 초 교회의 태도는 국가 및 제국은 반드시 반(反)그리스도적이므로 곧 하나님의 적이므로 양심에 의한 완전한 거부를 권고하는 것이었다. "칼의 권력을 가진 자 또는 도시의 관리는 그 직에서 사임하게 하거나 출교하십시오. 예비자 또는 신자가 군인이 되고자 하거든 교회는 그를 출교하여야 합니다. 그가 하나님을 업신여겼기 때문입니다." 상황이 이러했으므로 집단적 학살의 시대에 처형을 당한 그리스도인들의 수는 증가할 수밖에 없었으며 "군인 성자들"로 불렸던 사람들이 양산될 수밖에 없었다. 그러나 기독교가 공인되고 314년 황제가 소집한 아를르 교구회의에서는 국가에 대한 봉사 및 군대 복무에 대한 교리가 완전히 뒤바뀐다. 군대 복무를 거절하는 병사 또는 상관에게 항명하는 병사는 출교된다는 것이었다. 그럼으로써 사실상 국가는 교회를 지배하기 시작했으며 처음의 근본적이던 것과는 완전히 반대되는 것을 교회로부터 원했고 이 314년의 회의가 끝내버린 것은 반反국가주의적이고 반反군국주의적이었던 기독교 운동이었고 오늘날의 표현으로는 무정부주의였다.

부록3. 증언 : 가톨릭 사제이면서 무정부주의자가 된다는 것

나는 그리스도 신앙과 무정부주의 확신 간에 어떠한 갈등도 느끼지 못할 뿐만 아니라 나사렛 예수에 대한 나의 지식은 나를 무정부주의로 인도하며 때때로 그것을 실천할 용기마저 부여한다. 나는 저항하기 위해 무기를 잡고 폭력을 불사하는 억압받는 사람들을 정죄할 수는 없으나 진정한 혁명을 일으키는 데 있어 그러한 방식은 불필요하다고 생각한다. 예수의 영은 우리에게 그 두려움과 싸우며 폭력에 맞서라고 말한다. 예수는 억압받는 사람들에게 말한다 : "누가 오른 뺨을 때리거든 왼편도 돌려대어라" 그렇게 함으로써 그는 그들을 억압하는 사람들의 폭력 앞에서 그들을 두려움으로부터 해방한다. 오늘날, 나는 가톨릭 정신-다시 말해 보편적이고 각각의 인간에게서 확인되는 한 형제로서의 정신-에 고무된 어떤 민중의 이야기 속에 있는 사람들 알바로 울쿠에 쇼쿠에 및 라틴 아메리카의 그리스도인들을 본다. 그들 중에서 어떤 이들은 나사렛 예수 안에서 하나님을 확인한다고 믿는다. 그들은 예수가 다른 사람들보다 우월한 존재라고 여기지 않았다고 믿는다. 그들은 예수가 서로 사랑함으로 항상 지배자들에 맞서 억압받는 사람들의 편에 섰으며 모든 위계질서 및 인간 위에 군림하는 인간의 모든 권력을 파괴하고자 했다고 믿는다.

결론

참여적인 그리스도인들에게 필요한 것은 이 세상의 지배적인 이데올로기의 함정에 빠지지 않는 것이다. 나는 도입부에서 무정부주의자를 그리스도인으로 만들 의도도, 그리스도인들 앞에서 무정부주의를 대단히 중요한 것으로 선언할 의도도 없다고 밝힌 바 있다. 우리를 갈라놓는 모든 것은 한편으로는 하나님과 예수 그리스도를 믿는 신앙 및 그 결과들이며, 또 한편으로 우리의 차이는 이미 강조한 바와 같이 '인간 본성'에 대한 평가다. 우리 사이의 공통점과 차이점에 대한 인식을 분명히 밝혀야 한다.

엘륄의 저서 연대기순

- *Étude sur l'évolution et la nature juridique du Mancipium*. Bordeaux: Delmas, 1936.
- *Le fondement théologique du droit*. Neuchâtel: Delachaux & Niestlé, 1946.
- *Présence au monde moderne: Problémes de la civilisation post-chrétienne*. Geneva: Roulet, 1948.
  ⋯▸ 『세상 속의 그리스도인』, 박동열 옮김(대장간, 1992, 2010(불어완역))
- *Le Livre de Jonas*. Paris: Cahiers Bibliques de Foi et Vie, 1952.
  ⋯▸ 『요나의 심판과 구원』, 신기호 옮김(대장간, 2010)
- *L'homme et l'argent* (Nova et vetera). Neuchâtel: Delachaux & Niestlé, 1954.
  ⋯▸ 『하나님이냐 돈이냐』, 양명수 옮김(대장간. 1991, 2011)
- *La technique ou l'enjeu du siècle*. Paris: Armand Colin, 1954. Paris: Économica, 1990.
  ⋯▸ (E)*The Technological Society*. Trans. John Wilkinson. New York: Knopf, 1964.
- *Histoire des institutions*. Paris: Presses Universitaires de France, plusieurs éditions (dates données pour les premières éditions);. Tomes 1-2, L'Antiquité (1955); Tome 3, Le Moyen Age (1956); Tome 4, Les XVIe-XVIIIe siècle (1956); Tome 5, Le XIXe siècle (1789-1914) (1956).
  ⋯▸ (『제도의 역사』, 대장간, 출간 예정)
- *Propagandes*. Paris: A. Colin, 1962. Paris: Économica, 1990
  ⋯▸ 『선전』(대장간, 2012년 출간 예정)
- *Fausse présence au monde moderne*. Paris: Les Bergers et Les Mages, 1963.
  ⋯▸ (대장간, 2011년 출간 예정)
- *Le vouloir et le faire: Recherches éthiques pour les chrétiens*: Introduction (première partie). Geneva: Labor et Fides, 1964.
  ⋯▸ 『원함과 행함』(솔로몬, 2008)
- *L'illusion politique*. Paris: Robert Laffont, 1965. Rev. ed.: Paris: Librairie Générale Française, 1977.
  ⋯▸ 『정치적 착각』, 하태환 옮김(대장간, 2011)
- *Exégèse des nouveaux lieux communs*. Paris: Calmann-Lévy, 1966. Paris: La Table Ronde, 1994. [reproduction de la couverture].
  ⋯▸ (대장간, 2011년 출간 예정)
- *Politique de Dieu, politiques de l'homme*. Paris: Éditions Universitaires, 1966.
  ⋯▸ 『하나님의 정치 인간의 정치』, 김은경 옮김(대장간, 2011년 출간 예정)
- *Histoire de la propagande*. Paris: Presses Universitaires de France, 1967, 1976.
- *Métamorphose du bourgeois*. Paris: Calmann-Lévy, 1967. Paris: La Table Ronde, 1998. [reproduction de la couverture]
  ⋯▸ (대장간, 출간 예정)
- *Autopsie de la révolution*. Paris: Calmann-Lévy, 1969.
  ⋯▸ 『혁명의 해부』, 황종대 옮김(대장간, 2011년 출간 예정)
- *Contre les violents*. Paris: Centurion, 1972.
  ⋯▸ 『폭력에 맞섬』, 이창헌 옮김(대장간, 2011년 출간 예정)
- *Sans feu ni lieu: Signification biblique de la Grande Ville*. Paris: Gallimard, 1975.
  ⋯▸ 『머리 둘 곳 없던 예수-대도시의 성서적 의미』, 황종대역(대장간, 2011년 11월 출간 예정).
- *L'impossible prière*. Paris: Centurion, 1971, 1977.
  ⋯▸ 『불가능한 기도』, 신기호 옮김(대장간, 2011 출간 예정)
- *Jeunesse délinquante: Une expérience en province*. Avec Yves Charrier. Paris: Mercure de France, 1971.

- *De la révolution aux révoltes*. Paris: Calmann-Lévy, 1972.
- *L'espérance oubliée, Paris*: Gallimard, 1972.
  - ⋯ 『잊혀진 소망』, 이상민 옮김(대장간, 2009)
- *Éthique de la liberté,*. 2 vols. Geneva: Labor et Fides, I:1973, II:1974.
  - ⋯ (대장간, 출간 예정)
- *Les nouveaux possédés Paris*: Arthème Fayard, 1973.
  - ⋯ (E)*The New Demons*. Trans. C. Edward Hopkin. New York: Seabury, 1975. London: Mowbrays, 1975. .
  - ⋯ (대장간, 출간 예정)
- *L'Apocalypse: Architecture en mouvement*. [Paris:] Desclée 1975.
  - ⋯ (E)*Apocalypse: The Book of Revelation*. Trans. George W. Schreiner. New York: Seabury, 1977.
  - ⋯ (대장간, 출간 예정)
- *Trahison de l'Occident*. Paris: Calmann-Lévy, 1975.
  - ⋯ (E)*The Betrayal of the West*. Trans. Matthew J. O'Connell. New York: Seabury,1978.
- *Le système technicien*. Paris: Calmann-Lévy, 1977.
  - ⋯ 『기술 체계』, 이상민 옮김(대장간, 출간 예정)
- *L'idéologie marxiste chrétienne*. Paris: Centurion, 1979.
  - ⋯ 『기독교와 마르크스주의』, 곽노경 옮김(대장간, 2011 출간)
- *L'empire du non-sens*: L'art et la société technicienne. Paris: Press Universitaires de France, 1980.
  - ⋯ 『무의미의 제국』, (대장간, 출간 예정)
- *La foi au prix du doute: "Encore quarante jours.."* . Paris: Hachette, 1980.
  - ⋯ 『의심을 거친 신앙』, 임형권 옮김 (대장간, 2011년 출간)
- *La Parole humiliée*. Paris: Seuil, 1981.
  - ⋯ 『말의 굴욕』(가제), 한국자끄엘륄협회 공역(대장간, 2011년 출간예정)
- *Changer de révolution: L'inéluctable prolétariat*. Paris: Seuil, 1982.
  - ⋯ 『혁명의 변질』(가제) 하태환 옮김(대장간, 출간 예정)
- *Les combats de la liberté*. (Tome 3, L'Ethique de la Liberté) Geneva: Labor et Fides, 1984. Paris: Centurion, 1984.
  - ⋯ 『자유의 투쟁』(솔로몬, 2009)
- *La subversion du christianisme*. Paris: Seuil, 1984, 1994. [réédition en 2001, La Table Ronde]
  - ⋯ 『뒤틀려진 기독교』(대장간, 1990, 2011년 불역 완역판 출간 예정)
- *Conférence sur l'Apocalypse de Jean*. Nantes: AREFPPI, 1985.
- *Un chrétien pour Israël*. Monaco: Éditions du Rocher, 1986.
  - ⋯ 『이스라엘을 위한 그리스도인』(대장간, 출간 예정)
- *Ce que je crois*. Paris: Grasset and Fasquelle, 1987.
  - ⋯ 『내가 믿는 것』 대장간 출간 예정)
- *La raison d'être: Médutation sur l'Ecclésiaste*. Paris: Seuil, 1987
  - ⋯ 『존재의 이유』(규장, 2005)
- *Anarchie et christianisme*. Lyon: Atelier de Création Libertaire, 1988. Paris: La Table Ronde, 1998
  - ⋯ 『무정부주의와 기독교』, 이창헌 옮김(대장간, 2011)
- *Le bluff technologique*. Paris: Hachette, 1988.
  - ⋯ (E)*The Technological Bluff*. Trans. Geoffrey W. Bromiley. Grand Rapids: Eerdmans, 1990.
  - ⋯ 『기술의 허세』(대장간, 출간 예정)
- *Ce Dieu injuste..?: Théologie chrétienne pour le peuple d'Israël*. Paris: Arléa, 1991, 1999.

- ⋯▸ 『하나님은 불의한가?』, 이상민 옮김(대장간, 2010)
- *Si tu es le Fils de Dieu: Souffrances et tentations de Jésus*. Paris: Centurion, 1991.
  ⋯▸ 『네가 하나님의 아들이라면』, 김은경 옮김(대장간, 2010)
- *Déviances et déviants dans notre societé intolérante*. Toulouse: Érés, 1992.
- *Silences: Poèmes*. Bordeaux: Opales, 1995.
  ⋯▸ (대장간, 출간 예정)
- *Oratorio: Les quatre cavaliers de l'Apocalypse*. Bordeaux: Opales, 1997.
  ⋯▸ (E)*Sources and Trajectories: Eight Early Articles by Jacques Ellul that Set the Stage*. Trans. and ed. Marva J. Dawn. Grand Rapids: Eerdmans, 1997.
- *Islam et judéo-christianisme*. Paris: Presses universitaires de France, 2004.
  ⋯▸ 『이슬람과 기독교』, 이상민 옮김(대장간, 2009)
- *La pensée marxiste*: Cours professé à l' Institut d' études politiques de Bordeaux de 1947 à 1979 Edited by Michel Hourcade, Jean-Pierre Jézéuel and Gérard Paul. Paris: La Table Ronde, 2003.
- *Les successeurs de Marx*: Cours professé à l' Institut d' études politiques de Bordeaux Edited by Michel Hourcade, Jean-Pierre Jézéquel and Gérard Paul. Paris: La Table Ronde, 2007. ⋯▸ (대장간, 출간 예정)

기타 연구서

- 『세계적으로 사고하고 지역적으로 행동하라』(*Perspectives on Our Age*: Jacques Ellul Speaks on His Life and Work.), 빌렘 반더버그, 김재현, 신광은 옮김(대장간, 1902, 2010)
- 『자끄 엘륄 - 대화의 사상』(*Jacques Ellul, une pensée en dialogue Genève*), 프레데릭 호농(Fréderic Rognon)저, 임형권 옮김(대장간, 2011)
- *A temps et à contretemps: Entretiens avec Madeleine Garrigou-Lagrange*. Paris: Centurion, 1981.
- *In Season, Out of Season: An Introduction to the Thought of Jacques Ellul*: Interviews by Madeleine Garrigou-Lagrange. Trans. Lani K. Niles. San Francisco: Harper and Row, 1982.
- *L'homme à lui-même: Correspondance*. Avec Didier Nordon. Paris: Félin, 1992.
- *Entretiens avec Jacques Ellul*. Patrick Chastenet. Paris: Table Ronde, 1994

대장간 『자끄 엘륄 총서』는 중역(영어번역)으로 인한 오류를 가능한 줄이려고, 프랑스어에서 직접 번역을 하거나, 영역을 하더라도 원서 대조 감수를 원칙으로 하고 있습니다.
이 일은 한국자끄엘륄협회의 협력으로 이루어지고 있으며, 총서를 통해서 엘륄의 사상이 굴절되거나 왜곡되지 않고 그의 삶처럼 철저하고 급진적으로 전해지길 바라는 마음 가득합니다.